国家食品药品监督管理总局　组织编写

《食品生产经营风险分级管理办法（试行）》政策解读

主　审　滕佳材
主　编　张　靖
副主编　毕玉安

法律出版社
LAW PRESS · CHINA

本书编委会

主　审　滕佳材

主　编　张　靖

副主编　毕玉安

编　委　张艳阳　崔　伟　王丹丹　李祥章

聂大可　郭向丹　刘　文　李　强

戴巨群　曹　亮　元晓梅　蒙灿军

陈　勇　欧阳崇斌　代　亮　关彦明

曲传勇　游　泳　刘博文　王彦蓉

前　言

2016年9月5日，国家食品药品监督管理总局印发了《食品药品监管总局关于印发食品生产经营风险分级管理办法（试行）的通知》（食药监食监一〔2016〕115号，以下简称《食品生产经营风险分级管理办法》），并于2016年12月1日起施行。这项制度的建立实施，对于提升监管资源利用率，强化监管效能，促进食品生产经营企业落实食品安全主体责任有着极为重要而现实的意义。

食品安全工作是一项重大的民生工程。保障食品安全是全面建成小康社会决胜阶段的重大任务，也是建设健康中国、增进人民福祉的重要内容。近年来，党中央、国务院高度重视食品安全工作，提出了“四个最严”的要求，各地区、各部门协同发力、重典治乱，社会各界积极参与、共治共管，食品安全问题频发、多发的势头得到有效遏制，食品安全形势总体稳定向好。但同时，我们也要清醒地看到，食品安全形势依然严峻复杂，影响食品安全的深层次问题还没有根本解决，特别是食品种类多、从业主体多、风险隐患多与监管力量薄弱、监管资源有限的矛盾仍然突出，监管工作平均用力、效能低下的问题还很普遍，迫切需要转变监管理念，创新监管方式，完善监管制度，合理配置资源，进一步提升监管工作效能。

对食品生产经营实施基于风险管理的分级管理模式是《中华人民共和国食品安全法》的明确规定，也是国际通行做法。国家食品药品监督管理总局成立之初，即确立提出了“以问题为导向”的基于风险管理的食品安全监管思路，着手研究建立食品安全风险分级监管制度，在充分学习和借鉴国际食品安全分级监管工作先进经验并在部分地区先行先试的基础上，制定出台了《食品生产经营风险分级管理办法》，开创了基于风险分析、量化评价、风险交流、分级管理、动态调整的科学、高效的监管新模式、新方法，并与行政许可、监督检查、监督抽检、投诉举报、案件查处、产品召回等监管制度密切衔接,形成良性互动,进一步增强了监管工作的科学性、靶向性和有效性。

为了更好地推动《食品生产经营风险分级管理办法》的宣传贯彻,帮助各级食品药品监管人员学习掌握食品生产经营风险分级管理的新方法,确保风险分级管理工作有效实施,我们组织编写了这本《〈食品生产经营风险分级管理办法(试行)〉政策解读》。本书系统阐释了《食品生产经营风险分级管理办法》具体条款及《食品生产经营静态风险因素量化分值表》《食品销售环节动态风险因素量化分值表》《食品生产经营者风险等级确定表》,以案例剖析的形式详细介绍了量化评价、分值计算及风险等级、检查频次的确定和调整等有关问题和要求,图示说明了食品经营风险分级管理信息系统的操作和运用,并简要介绍了国际食品安全风险分级管理的良好实践,力求做到详尽准确、通俗易懂,以帮助广大读者更好地学习和理解食品安全风险分级管理制度。

由于时间仓促和水平有限,书中如有不妥和疏漏之处,敬请批评指正。

本书编写组

2016 年 12 月

目　　录

第一部分　条文释义

第二部分 食品生产风险分级示例

第三部分　食品生产经营风险分级管理信息系统

第四部分　国际食品风险分级管理的良好实践

第一部分

条 文 释 义

第一章　总　　则

第一条

【办法原文】

第一条　为了强化食品生产经营风险管理，科学有效实施监管，落实食品安全监管责任，保障食品安全，根据《中华人民共和国食品安全法》(以下简称《食品安全法》)及其实施条例等法律法规，制定本办法。

【内容概述】

本条明确了制定《食品生产经营风险分级管理办法(试行)》(以下简称《办法》)的目的是强化食品生产经营风险管理、科学有效实施监管、落实食品安全监管责任和保障食品安全。同时，明确了制定本办法的依据是《中华人民共和国食品安全法》及其实施条例等有关法律法规。

【条文释义】

(一)风险管理及不同领域应用

1. 风险管理的起源

风险管理是一门新兴的管理学科，于1930年发源于美国，而作为企业的一种管理活动，最早起源于20世纪50年代。有关风险的定义有不同解释，国家标准《风险管理术语》(GB/T 23694－2009/ISO/IEC Guide 73:2002)对风险的定义是某一事件发生的概率和其后果的组合。

广义风险，既强调了风险产生的结果可能带来损失，也可能有获利机会，如投资风险。狭义风险，则强调风险表现为损失的不确定性。就是说风险只能表现出损失,没有获利机会,如安全风险。一个组织(如企业、政府机构等)在实现其目标的活动(包括经营活动、监管行为等)中,会遇到各种不确定性事件,这种在一定环境下和一定限期内客观存在的、影响组织目标实现的各种不确定性事件就是风险。风险具有客观性、普遍性、必然性、可识别性、可控性、损失性、不确定性和社会性。

从1983年风险和保险管理国际协会发布"101条风险管理准则"起,风险的概念在组织(企业)管理中逐步运用和发展。1992年COSO(Committee of Sponsoring Organization)委员会发布了《内部控制——整体框架》,2004年9月颁布了一个概念全新的报告,即《企业风险管理——整体框架》(企业风险管理简称ERM),将风险管理进一步深化。

目前,风险管理已经发展成为企业管理中一个具有相对独立职能的管理领域,在围绕企业的经营和发展目标方面,风险管理和企业的经营管理、战略管理一样具有十分重要的意义。

中国对于风险管理的研究始于1980年,风险管理学虽处于起步阶段,已引起政府的关注。2006年6月,国资委发布《中央企业全面风险管理指引》,2008年6月财政部发布《企业内部控制基本规范》,2009年颁布《风险管理原则与实施指南》(GB/T 24353-2009)和风险管理术语(GBT 23694-2009),2011年颁布《企业法律风险管理指南》(GB/T 27914-2011)。风险管理已在中国迅速发展起来。

2. 风险管理的概念

风险管理(Risk Management)是根据风险评估的结果,选择和实施适当的管理措施,尽可能有效地控制食品风险,保障公众健康。风险管理可以分为四个部分:风险评价(Risk Evaluation)、风险管理选择评估(OptionAssessment)、执行评估(Implementation Assessment)、监控和回顾(Monitoring and Review)。

3. 不同领域风险管理的应用

(1)企业法律风险管理

企业正面临着日益严重的法律风险问题。一方面,随着法律法规体系的不断完善,世界各国对企业的法律监管要求都日趋严格,特别是上市公司面临的法律监管环境更为严苛;另一方面,经济全球化背景下,企业的市场竞争范围不断由国内市场走向国际市场，复杂的经营环境必然给企业带来更为严重的法律风险暴露。由于法律风险伴随着企业经营管理的全过程，尤其是重大法律风险对企业的经营发展影响巨大，使得企业必须加强法律风险管理。

企业法律风险管理是企业全面风险管理的有机组成部分，贯穿于企业决策和经营管理的各个环节。企业法律风险管理过程明确法律风险环境信息、法律风险评估、法律风险应对、监督和检查等活动构成，如下图所示。其中，法律风险评估包括法律风险识别、法律风险分析和法律风险评价三个步骤。

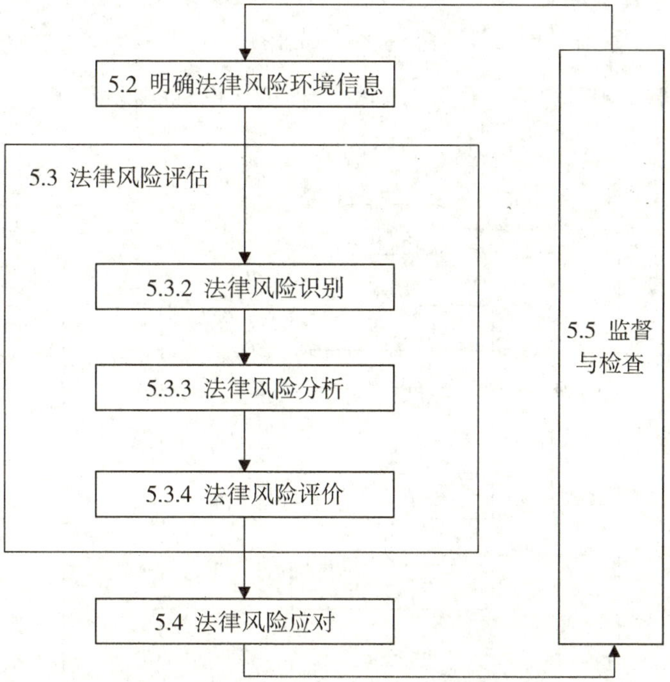

企业法律风险管理普遍采用基于风险分级的管理措施。首先对风险事件的发生可能性进行量化分级，即从内控制度、法律素质、风险对方状况、外部监管力度、工作频次5个维度分别赋予1－5分，表示发生可能性依次加强，得分越高意味风险发生的可能性越大。其次评估风险事件的危害程度进行量化分级，即从财产损失大小、非财产损失大小、影响范围等3个维度赋予1－5分，表示影响程度依次加强，得分越高意味风险影响程度越大。

(2)消费品安全风险管理

消费品的安全对消费者安全健康会产生重大影响。在消费品安全控制领域,同样也实施风险管理。基于消费品生命周期的角度,在消费品的设计、生产、包装、储运、使用(包括维修)、回收等各个阶段均能够运用风险管理手段,保障和提升消费品安全水平,可以防患于未然,将消费品对消费者的伤害减小到最低。

消费品安全风险管理实施的原则包括:关注消费者安全、贯穿消费品生命周期、注重信息获取、优选方法、持续改进和广泛参与。消费品安全风险管理涵盖了消费品盛名周期的全过程,各个阶段的风险控制在可容许范围内,并保证风险沟通贯穿于风险管理活动的始终,减少消费品可能对消费者造成的伤害。消费品安全风险管理的流程包括信息准备、危害识别、风险估计、风险评价和风险控制,具体见下图。

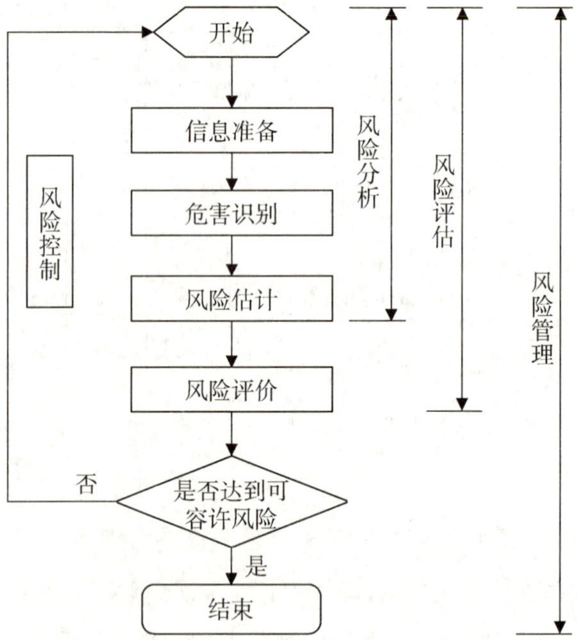

消费品的风险管理也实施风险分级,即伤害发生的可能性以及伤害发生的严重程度两个维度进行量化评价,按照风险程度划分为严重风险、中等风险、低风险和可容许风险。

伤害发生的可能性		伤害发生的严重程度			
		非常严重	严重	一般	微弱
Ⅰ	>50%	S	S	S	M
Ⅱ	>1/10	S	S	S	L
Ⅲ	>1/100	S	S	S	L
Ⅳ	>1/1000	S	S	M	A
Ⅴ	>1/10 000	S	M	L	A
Ⅵ	>1/100 000	M	L	A	A
Ⅶ	>1/1 000 000	L	A	A	A
Ⅷ	≤1/1 000 000	A	A	A	A

(3)危险品风险管理

危险品风险管理是指如何在一个肯定有风险的过程中,如何把危害减少到最低程度的管理方法。危险品由于其本身的危险特性,导致其在生产、运输、储存等环节中存在风险。在危险品领域运用风险管理,采用系统化方法对危险品的风险进行有效的管理和控制,旨在将各环节中的危害程度影响降到最低。

(二)食品安全风险管理的要求和原则

1995 年,国际食品法典委员会(CAC)召开了风险分析专家咨询会,认为风险分析由既相互独立又密切关联的 3 个部分组成,分别是风险评估、风险管理和风险交流。其中,风险管理是在风险评估结果基础上的政策选择过程,包括选择实施适当的控制理念以及法规管理措施。风险交流是在风险评估者、风险管理者以及其他相关者之间进行风险信息及意见交换的过程。在食品法典委员会系统内,风险管理的目标是形成一系列的食品安全标准、指南以及建议。国家食品安全风险管理的决策可能由于判别标准及范围不同而有所不同,其总体目标是保护消费者利益以及促进食品国际贸易。

1. 遵循结构性方法

风险管理结构性方法的要素包括初步风险管理活动、确定并选择风险管理方法、风险管理决策实施以及监控和评估。在某些情况下,不是所有的要素都是风险管理活动必需的,例如标准制定由食品法典委员会负责,而标准及控制措施执行则是由政府负责。

2. 决策的主要目标是保护人类健康

可接受风险水平的判定应该首先考虑人类健康,而且风险水平的差异应避免随意性或不公正性。此外,还应考虑到其他的一些因素,如经济成本、利益、技术可行性、社会需求等,这些因素可能被恰当地应用在风险管理中,特别是在采取措施的过程中。这些考虑不应该被随意武断决定,决策的过程应当公正透明。

3. 决策和活动应当透明

风险管理应当识别所有风险管理过程要素的系统程序和文件,包括决策的制定。对于所有利益相关方而言都应当遵循透明性原则。

4. 应考虑风险评估结果的不确定性

在任何可能的情况下,风险评估都应包含关于风险不确定性的定量分析,而且定量分析必须采用风险管理者容易理解的形式。这样,风险决策制定才能将所有不确定性范围的信息考虑在内。如果风险评估是高度不确定性的,那么这时的风险管理决策就必须更加谨慎。

5. 应当保持与所有利益相关者进行充分的信息交流

保持与所有利益相关者的相互交流是风险管理整体过程中不可缺少的一项重要工作。风险交流不仅仅是一个信息交换的过程,其更为主要的功能是通过风险交流,使那些对于风险管理来说切实有效的信息和意见能够真正应用到管理决策之中。

6. 应当是一个持续循环的过程

风险管理应当是一个持续的过程,该过程应不断评估和审查风险管理决策中已经产生的所有新的资料和信息。在随后的风险管理决策应用过程中,为确保该决策在解决食品安全问题时的效力,应定期对风险管理决策进行评估和审查。对信息反馈和回顾而言,监测及其他一些活动可能是必需的。

(三)制定《办法》的依据

新修订的《食品安全法》第一百零九条规定:县级以上人民政府食品药

品监督管理部门根据食品安全风险监测、风险评估结果和食品安全状况等，确定监督管理的重点、方式和频次，实施风险分级管理。此条规定是《办法》实施的重要法律依据。

(四)制定《办法》的背景

食品生产经营风险分级管理是一种基于风险管理的有效监管模式，是有效提升监管资源利用率，强化监管效能，促进食品生产经营企业落实食品安全主体责任的重要手段，也是国际的通行做法。德国、英国、美国、加拿大、联合国粮农组织等国家和组织都建立实施了基于风险的食品监管制度，国内部分行业以及一些省份也进行了积极而有益的探索。

我国食品产业起步晚、发展快，受社会发展阶段特征影响，产品种类多、监管主体多、风险隐患多及监管资源有限的矛盾仍很突出，且监管工作中还存在有平均用力、不分主次等现象，使监管工作缺少靶向性和精准度，监管的科学性不高、效能低下的问题还较普遍。正是基于这些问题，国家食品药品监督管理总局(以下简称食品药品监管总局)成立之初，即确立提出了“以问题为导向”的基于风险管理的食品安全监管思路，推行基于风险管理的分级监管模式，并在借鉴国内外经验的基础上，研究制定了本《办法》。

(五)制定《办法》的意义

1. 风险分级管理是国际通行做法

食品生产经营风险分级监管是国际通行做法，如德国基于欧盟法规(2004年888号)，实施基于风险的监管制度，根据企业的风险类型分级，确定对企业的检查频率。美国食品法典提出了实施基于风险的检查，规定了检查的目的和范围、如何实施基于风险的常规检查、风险检查的准备工作、基于风险检查的方法，制定了检查表格和评分。此外，联合国粮农组织面向发展中国家发布了《基于风险的食品检查指南》，介绍了现代食品检查的理念和方法——基于风险的食品检查方法，建立了食品生产企业检查通用程序。

2. 风险分级管理是提高监管效率的有效手段

《办法》的制定，对于监管部门合理配置监管资源、提升监管效能有着重要意义。建立实施风险分级管理制度,能够帮助监管部门通过量化细化各项指标,深入分析、排查可能存在的风险隐患,并使监管视角和工作重心向一些存在较大风险的生产经营者倾斜,增加监管频次和监管力度,督促食品生产经营者采取更加严厉的措施,改善内部管理和过程控制,及早化解可能存在的安全隐患;而对一些风险程度较低的企业,可以适当减少监管资源的分配,从而最终达到合理分配资源,提高监管资源利用效率的目的,收得事半功倍的效果。

3. 风险分级管理是提高企业管理水平的有效途径

从生产经营主体的角度来看,通过分级评价,能够更加全面地掌握食品行业中存在的风险点,进一步强化生产经营主体的风险意识、安全意识和责任意识,有针对性地加强整改和控制,提升食品生产经营者风险防控和安全保障能力。

第二条

【办法原文】

第二条 本办法所称风险分级管理,是指食品药品监督管理部门以风险分析为基础,结合食品生产经营者的食品类别、经营业态及生产经营规模、食品安全管理能力和监督管理记录情况,按照风险评价指标,划分食品生产经营者风险等级,并结合当地监管资源和监管能力,对食品生产经营者实施的不同程度的监督管理。

【内容概述】

本条明确了风险分级管理的定义。

【条文释义】

风险分级管理是一种食品安全监管模式,是国际通行的做法,其内涵是食品安全监管部门以风险分析为基础,结合各企业自身生产经营行为、食品安全管理能力,以及既往守法经营等信用状况,按照风险评价指标体系,对企业食品生产经营风险等级进行评定和划分,并依据企业的风险等级分类进行监管,从而实现科学监管、风险管理的监管目的,外延涉及食品生产、食品销售和餐饮服务等食品生产经营环节和业态。

(一)如何理解以风险分析为基础

本条款中提出以风险分析为基础。风险分析是食品安全领域通行的科学的决策过程。国际食品法典委员会对风险分析有较为详细的定义。

风险分析是指一种用来估计人体健康和安全风险的方法,它可以确定并实施合适的方法来控制风险,并与利益相关方就风险及所采取的措施进行交流。风险分析能为食品安全监管者提供作出有效决策所需的信息和依据,有助于提高食品安全水平,改善公众健康状况。风险分析是一个结构化的决策过程,由 3 个相互区别但紧密相关的部分组成:风险评估、风险管理和风险交流。它们是整个风险分析中互相补充且必不可少的组成部分。虽然图 1 显示它们是独立的部分,但实质上是一个高度统一的整体。在典型的食品安全风险分析过程中,管理者和评估者几乎持续不断地在以风险交流为特征的环境中进行互动交流。所以,当上述 3 个组成部分在风险管理者的领导下成功整合时,风险分析最有效。

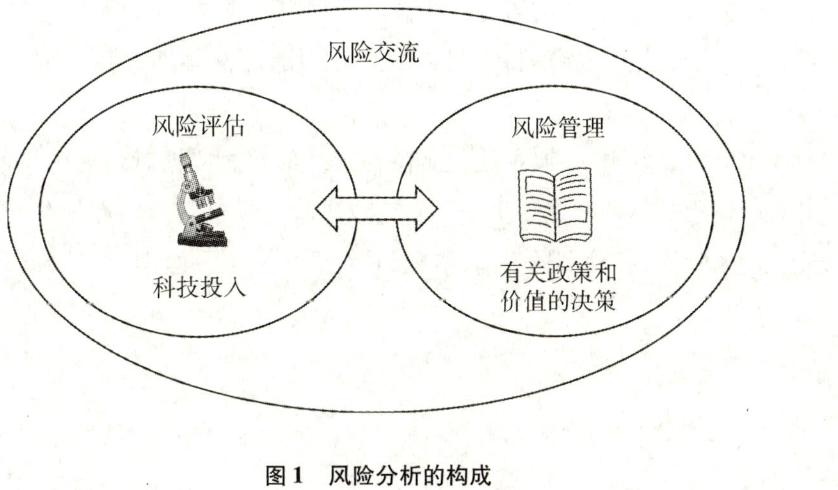

图 1　风险分析的构成

1. 贯彻落实了有关风险分析的科学步骤

在本办法中充分贯彻执行了国际食品法典委员会有关风险分析的科学步骤。

(1)在风险评估方面,国际食品法典委员会风险分析的原理要求首先应利用科学手段对风险进行识别。本办法所规定的风险分级的基础就是对食品生产经营主体风险的识别。但是国际食品法典委员会风险评估的对象为食品或食品中某种危害物。而对于食品生产经营主体风险的识别,则是包括但不限于食品或食品中某种危害物的评估。在本办法中对于食品生产经营主体风险的识别,包括食品生产经营主体所生产或经营的食品种类。除了食品种类,对食品生产经营主体风险的识别还包括经营业态及生产经营规模、食品安全管理能力和监督管理记录情况。

(2)在风险管理方面,国际食品法典委员会提出了风险管理的一般框架(见图2),包括初步的风险管理活动、确定并选择管理方法、风险管理决策的实施、监控和评估。在本办法中,基于对食品生产经营主体风险的识别,依此采取了:

a.“确定风险等级”(即初步的风险管理活动)

b.“确定监管频率”(即确定并选择风险管理方法)

c.“实施不同频次的监管”(即风险管理决策的实施)

d.“实现监管资源的科学配置和有效利用(详见第四章)”(即监控和评估)。

由此可以看出,各地食品药品监督管理部门要依据对食品生产经营主体风险识别的结果对食品生产经营企业风险等级进行评定和划分,并依据企业的风险等级分类采取监管措施,是符合国际食品法典委员会风险管理科学原理的。

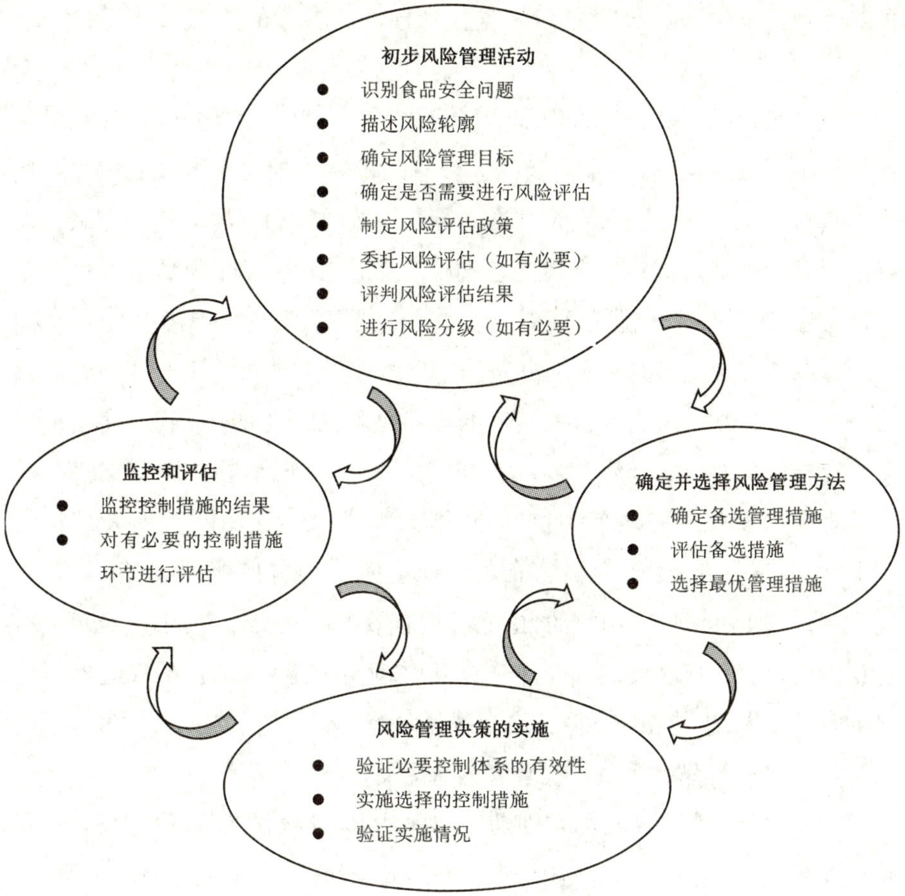

图2　风险管理的一般框架

(3)在风险交流方面,在国际食品法典委员会的定义中,风险交流是指"在风险分析全过程中,就危害、风险、风险相关因素和风险认知在风险评估人员、风险管理人员、消费者、产业界、学术界和其他感兴趣各方中对信息和看法的互动式交流,内容包括对风险评估结果的解释和风险管理决定的依据。"

在本办法中,有三个方面的规定与风险交流密切相关。

a. 食品生产经营主体静态风险确定的过程。例如国家食品药品监管总局在办法中提出了食品生产企业静态风险的量化分值表。在该表的确定过程中,充分与监管部门代表、技术机构专家进行了多次交流,通过专家打分的方法提出了供各省级食品药品监督管理部门参考的静态风险量化分值表。

b. 省级食品药品监督管理部门确定本省静态风险量化分值表的过程。办法第十五条规定“省级食品药品监督管理部门可根据本行政区域实际情况,对《静态风险表》进行调整,并在本行政区域内组织实施。”在各省级食品药品监督管理部门调整静态风险表的过程中,应按照食品药品监管总局提供的方法,广泛征求本地区食品行业专家、机构以及监管部门代表的意见。

c. 风险等级确定的过程。办法第二十二条规定“现场评价打分人员应当按照本办法和《动态风险评价表》的内容要求,如实作出评价,并将生产经营者存在的主要风险及防范要求告知其负责人。”作为监管部门,在实施风险管理的过程中,有必要就《办法》的内容、要求、结果运用及在企业现场发现的问题,与生产经营主体进行有效的风险交流,这样既能确保生产经营主体客观认知本办法的实施目的,也能通过有效的风险交流,使生产经营主体认识到通过有效落实食品安全主体责任并满足一定要求后,不仅能提高自身的管理水平,也能相应地降低自身的风险等级。

(二)如何理解食品生产经营者的食品类别

食品生产经营者的食品类别是划分食品生产经营主体风险等级的主要组成部分,也是风险管理措施中“识别食品安全问题”、“描述风险轮廓”的重点工作。在本办法中,食品生产经营者的食品类别按三个维度划分。

(1)食品生产企业的食品类别

食品生产企业的食品类别是指食品生产企业获得许可的食品类别。根据《食品生产许可管理办法》的有关规定,“食品药品监督管理部门按照食品的风险程度对食品生产实施分类许可”。对于不同种类的食品,由于其执行标准、生产工艺、主要设备设施、过程控制要求、出厂检验要求等均有较大不同,因此食品自身的风险控制难度也有所不同;而对于同一种类食品的生产企业来讲,其适用标准、审查要求是一致的。因此可以通过划分出不同种类食品的风险程度来确定食品生产企业的静态风险。

在本办法中,食品生产企业的食品类别按照《国家食品药品监督管理总局关于公布食品生产许可分类目录的公告》(2016 年第 23 号,以下简称《食品生产许可分类目录》)中食品生产许可分类目录进行划分,对于个别食品还进行了细化,具体见《食品生产经营静态风险因素量化分值表》释义。

(2)食品销售主体的食品类别

食品销售主体的食品类别是指食品经营项目中所涉及的食品类别。根据《食品经营许可管理办法》,食品经营项目分为预包装食品销售(含冷藏冷冻食品、不含冷藏冷冻食品)、散装食品销售(含冷藏冷冻食品、不含冷藏冷冻食品)、特殊食品销售(保健食品、特殊医学用途配方食品、婴幼儿配方乳粉、其他婴幼儿配方食品)、其他类食品销售;热食类食品制售、冷食类食品制售、生食类食品制售、糕点类食品制售、自制饮品制售、其他类食品制售等。列入其他类食品销售和其他类食品制售的具体品种应当报国家食品药品监管总局批准后执行,并明确标注。具有热、冷、生、固态、液态等多种情形,难以明确归类的食品,可以按照食品安全风险等级最高的情形进行归类。

在本办法中,分别对不同储运温度要求的预包装食品、散装食品进行了量化,具体见《食品生产经营静态风险因素量化分值表》释义。

(3)餐饮服务主体的食品类别

餐饮服务主体的食品类别的划分依据与“食品销售主体的食品类别”一致,即按照《食品经营许可管理办法》中有关食品经营项目的规定,将冷食类食品、生食类食品、糕点类食品、热食类食品、自制饮品以及其他类食品的制售进行了量化,具体见《食品生产经营静态风险因素量化分值表》释义。

(三)如何理解经营业态及生产经营规模

1. 经营业态所带来的风险

经营业态及生产经营规模主要体现在食品销售主体和餐饮服务主体。与食品生产环节相对单一的生产业态不同,食品销售和餐饮服务环节的经营业态非常复杂,新的业态不断涌现,原有业态也在不断转型。因此,很难单纯以食品经营的食品种类对经营主体进行划分。在办法中,充分考虑我国食品经营的风险特点,提出经营业态的风险划分。

(1)对于食品销售的经营业态划分

对于食品销售的经营业态,主要从食品经营场所、供货者以及不同温度要求食品的经营等方面划分经营业态所带来的风险影响。

(2)对于餐饮服务的经营业态划分

对于餐饮服务的经营业态,主要从餐饮服务提供者、学校、托幼机构等单位食堂、集体用餐、配送单位等方面划分不同经营业态的风险影响。

2. 生产经营规模所带来的风险

从历年来食品安全风险控制的研究来看,对于食品生产经营规模所带来的风险有两种认知:一是生产经营规模越大,一旦出现食品安全问题,所影响的地区、人群也越广,所以认为生产经营规模越大,风险越大;二是生产经营规模越大,企业生产控制水平越高,例如大型食品企业有相对完善的管理制度,因此出现食品安全问题的概率就越小,反之亦然,所以认为企业规模越小,出现食品安全问题的几率就越大。

在《办法》的研究起草过程中,对生产经营规模所带来的风险进行了调查分析研究。一般来讲,生产经营规模又可分为食品种类规模和生产能力规模。因此,单纯将规模大风险大或者规模小风险大作为判定依据,均不是最优的解决方案。

根据食品安全风险评估的理论,风险评估是指"对特定时期内因危害暴露而对生命与健康产生潜在不良影响的特征性描述",即风险 = 危害性 × 可能性。因此,对于食品生产经营者的评估,一是要考虑危害性,二是要考虑可能性。我们以生产经营规模来评判食品生产经营者的风险,也应从危害性和可能性入手。由于食品生产经营链条很长且业态复杂,因此对于食品生产和经营来说,考虑的侧重点又有所不同。

(1)食品生产企业的规模风险

对于食品生产企业的规模风险,应考虑食品种类的规模风险和生产能力的规模风险。

a. 食品种类的规模风险

同一企业如果生产多类型的食品,从出现食品安全问题所导致的危害性来讲,种类越多,可能造成的危害就越大,造成危害的可能性也就越大。因此《办法》第十四条规定"生产经营多类别食品的,应当选择风险较高的食品类别确定该生产经营企业的静态风险等级"。

b. 企业生产能力的规模风险

同种食品的生产企业的生产规模不同，带来的风险程度也不同，其本质是企业对生产过程控制能力的差异。企业规模大，现代化程度高，生产过程控制的能力也就越好，出现风险的危害程度和可能性都小；而如果企业规模大，但过程管理被分散或弱化了，生产过程控制的能力就变差了，出现风险的危害程度和可能性都会变大。小规模企业亦然。

因此，在本办法中，充分考虑了生产规模所带来的风险，对于食品种类的规模风险，采取从高确定的原则；对于企业生产能力的规模风险，则重点从生产企业生产过程控制能力的评估进行确定。

(2)食品经营者的规模风险

对于食品经营者的规模风险，也应考虑食品种类的规模风险和管理能力的规模风险。

a. 食品种类的规模风险

同一企业如果经营多类型的食品(包装形式多样和温度控制要求多样的)，从出现食品安全问题所导致的危害性来讲，种类越多，可能造成的危害就越大，造成危害的可能性也就越大。因此办法第十四条规定"生产经营多类别食品的，应当选择风险较高的食品类别确定该生产经营企业的静态风险等级"，且在《表1-2:食品销售企业静态风险因素量化分值表》中突出了不同类型食品的风险影响，如散装食品风险高于预包装食品，而冷冻、冷藏食品风险高于常温食品风险。

b. 企业的经营规模风险

与食品生产企业工业化和流程化过程相比，食品经营者往往依赖于劳动密集型操作。因此，食品经营者的经营规模越大，对工作人员的管理越复杂。同种食品的经营企业的经营规模不同，带来的风险程度也不同，其本质也是经营者对经营过程控制能力的差异。但是由于经营业态所具有的劳动密集型特点和直接面向消费者的经营模式，对企业经营规模所带来的风险要从两个方面进行考虑：一是经营规模上数量的差异，包括经营面积、经营的食品单品数以及供货者数量等；二是经营过程控制能力的差异。

因此，在本办法中，充分考虑了经营规模所带来的风险，对于食品种类的规模风险,采取从高确定的原则;对于企业经营能力的规模风险,则重点从经营规模上数量的差异和经营过程控制能力的评估进行确定。

(四)如何理解食品安全管理能力和监督管理记录情况

食品安全管理能力和监督管理记录是从两个不同的维度评估食品生产经营主体的风险等级。

1. 食品安全管理能力

(1)定位

是从企业自身的角度,考察企业对食品生产经营持续保持安全的能力,体现了对食品生产经营过程的管理控制。将食品安全管理能力纳入食品生产经营风险分级管理,主要考虑到企业之间食品安全管理能力有所不同,甚至会有较大区别。例如同样是肉制品的生产,有的企业建立了完善的食品安全管理制度,对日常生产的运行实施了有效的管理,那么该企业出现食品安全问题的概率就相对较小;而有的企业管理意识不到位,获得生产经营许可后,对食品安全管理不当,有意或无意造成企业存在某些安全隐患,甚至难以持续满足生产经营许可的条件。因此,对企业实施风险等级的划分,除了考虑企业生产经营食品种类等相对静态的因素外,还应设定量化考核指标,考察企业食品安全管理能力的差异。

(2)评价方法

可以从企业对生产经营环境条件保持、进货查验把关、生产过程控制、检验落实情况、对食品的贮存运输和销售情况、不合格食品管理和食品召回、从业人员管理、食品安全事故处置、食品添加剂管理等角度,评估企业的食品安全管理能力。

在实际评估企业食品安全管理能力时,应依据《食品安全法》、《食品生产通用卫生规范》(GB 14881 -2013)等法律法规及标准的要求,按照《食品生产经营日常监督检查要点表》进行量化评价,具体要求见本办法第十六条、第十七条的有关规定。

2. 监督管理记录

(1)定位

是从监管部门角度,考察企业对保持安全食品生产经营的能力,可以从当年食品生产经营者日常监督检查、监督抽检、违法行为查处、食品安全事故应对、不安全食品召回等方面，评估企业的管理情况。将监督管理记录纳入食品生产经营风险分级管理，而且占有很重要的比重，主要还是考虑到不同企业之间对食品安全的管理能力有所不同。

食品安全管理能力是企业生产经营过程控制的表现，该指标体现了监管部门对企业的过程监管。而监督管理记录则是企业食品安全管理能力的结果表现，是对企业食品安全的最直接的评价结果。同时，将日常监督检查、监督抽检、违法行为查处等各种监管手段的结果纳入风险分级管理，也充分体现出风险分级管理与上下游相关制度的有效衔接。

（2）评价方法

对企业监督管理记录的评价是一种综合的评价。监督管理记录一般以一年为周期进行评价。在评价监督管理记录好或差的过程中，要遵循基于风险评价的原则。在本办法第二十八、二十九和三十条中给出了一些评价监督管理记录的情形。各地可以根据各类监管信息掌握情况，设立更加详细的、可量化的监督管理记录评价方法。

（五）如何理解"按照风险评价指标，划分食品生产经营者风险等级"

"按照风险评价指标，划分食品生产经营者风险等级"主要体现了两个层面的问题。

1. 风险评价指标的构建

风险评价指标，是指按照《办法》中提及的"食品生产经营者的食品类别、经营业态及生产经营规模、食品安全管理能力和监督管理记录情况"所构建的一套评价企业风险等级的指标体系。

在本办法中，对食品生产经营的风险等级划分，主要是从静态指标、动态指标两个方面划分风险等级。所谓静态指标，是指"食品生产经营者的食品类别、经营业态及生产经营规模"，按照一定的打分规则进行分值量化。例如对于食品生产企业，重点考虑食品生产的食品类别，一类食品一个风险分值。所谓动态指标，是指"食品安全管理能力"的评价，主要是依据日常监督检查要点表，对企业现场的生产过程控制能力进行评价。

2. 如何依据风险评价指标划分风险等级

风险评价指标的量化分值是划分食品生产经营主体风险等级的依据。风险评价指标的量化分值是“静态指标”+“动态指标”两个方面分值的加和,总分100分。在0-100分之间,按照一定的规则划分企业的风险等级。具体划分的要求见第十八条。

(六)如何理解“结合当地监管资源和监管能力,对食品生产经营者实施的不同程度的监督管理”

该条阐述了食品生产经营风险分级管理的目标,即根据食品生产经营者的风险等级,结合当地监管资源和监管能力,对食品生产经营者实施的不同程度的监督管理。该条体现了两个层面的问题。

1. 如何评估“当地监管资源和监管能力”

实施风险分级管理的目标是优化监管资源和监管能力,对食品生产经营主体实施更加科学有效的监管。对于各地食品安全监管部门,所面临的问题就是“辖区范围内食品安全监管资源有多少?监管人员的能力如何?”

开展监管资源的评估,应重点考察开展监管所需要的人员数量、检查装备配备情况、交通工具的配备等情况。考察监管人员的能力,则应重点考察监管人员的基本素质、专业知识和实践经验。

只有系统掌握了当地监管资源和监管能力,才能根据现实情况实施不同程度的监督管理。

2. 如何理解“不同程度的监督管理”

“不同程度的监督管理”既体现了“不同风险等级的食品生产经营者要实施不同程度的监管”——区别对待,也体现了“无论业态或数量如何,相同风险等级的食品生产经营者要实施相同程度的监管”——相同对待。

所谓监督管理的程度,最直观的表现是对生产经营者的监督检查频次。在本办法第三十二条给出了不同风险等级的食品生产经营者,所对应的监督检查频次。同时,各地在实施风险分级管理的过程中,还可以对监督管理程度的范畴进行扩展,例如结合日常监督检查办法,结合风险等级确定每次检查的重点项数量和一般项数量。

第三条

【办法原文】

> 第三条　食品药品监督管理部门对食品生产经营者实施风险分级管理，适用本办法。
>
> 食品生产、食品销售和餐饮服务等食品生产经营，以及食品添加剂生产适用本办法。

【内容概述】

本条规定了办法的适用范围，其中第一款规定了本办法的实施主体和实施内容，第二款规定了本办法所适用的食品生产经营类别和业态。

【条文释义】

（一）办法的适用主体

根据《食品安全法》第一百零九条第一款规定："县级以上人民政府食品药品监督管理部门、质量监督部门根据食品安全监测、风险评估结果和食品安全状况等，确定监督管理的重点、方式和频次实施风险分级管理"、《食品生产许可管理办法》第四十五条第二款规定："县级以上地方食品药品监督管理部门应当将食品生产许可颁发、许可事项检查、日常监督检查、许可违法行为查处等情况记入食品安全信用档案，并依法向社会公布；对有不良信用记录的食品生产者应当增加监督检查频次"和《食品生产经营日常监督检查管理办法》第十一条第一款规定："市、县级食品药品监督管理部门应当按照市、县人民政府食品安全年度监督管理计划，根据食品类别、企业规模、管理水平、食品安全状况、信用档案记录等因素，编制年度日常监督检查计划，实施食品安全风险管理"的具体规定，本办法的适用主体是县级以上人民政府食品药品监督管理部门。

（二）办法的适用范围

本办法的适用范围包括食品生产、食品销售和餐饮服务等食品生产经营活动,以及食品添加剂生产活动。

食品生产是指食品生产和加工,是指把食品原料通过生产加工程序,形成一种新形式的可直接食用产品的过程。食品生产既包括普通预包装食品的生产,也包括保健食品、特殊医学用途配方食品和婴幼儿配方食品的生产。食品添加剂生产也适用于该办法。具体分类可参见《食品生产许可分类目录》。

食品销售和餐饮服务属于食品经营。根据《食品经营许可管理办法》,食品经营主体业态分为食品销售经营者、餐饮服务经营者、单位食堂;食品经营项目分为预包装食品销售(含冷藏冷冻食品、不含冷藏冷冻食品)、散装食品销售(含冷藏冷冻食品、不含冷藏冷冻食品)、特殊食品销售(保健食品、特殊医学用途配方食品、婴幼儿配方乳粉、其他婴幼儿配方食品)、其他类食品销售;热食类食品制售、冷食类食品制售、生食类食品制售、糕点类食品制售、自制饮品制售、其他类食品制售等。

本办法的适用范围暂不包括食品添加剂的销售者。各地可以根据实际情况参考食品销售的分级方法,补充建立食品添加剂销售的风险分级管理制度。根据《食品安全法》第三十六条"食品生产加工小作坊和食品摊贩等的具体管理办法由省、自治区、直辖市制定"的规定,本办法的适用范围不包括食用农产品市场销售、小作坊和食品摊贩,各地可根据本地实际,参照本办法制定相应的分级制度。

第四条

【办法原文】

第四条　国家食品药品监督管理总局负责制定食品生产经营风险分级管理制度,指导和检查全国食品生产经营风险分级管理工作。

省级食品药品监督管理部门负责制定本省食品生产经营风险分级管理工作规范,结合本行政区域内实际情况,组织实施本省食品生产经营风险分级管理工作,对本省食品生产经营风险分级管理工作进行指导和检查。

各市、县级食品药品监督管理部门负责开展本地区食品生产经营风险分级管理的具体工作。

【内容概述】

本条规定了各级食品药品监督管理部门的职责分工。

【条文释义】

(一)各级食品药品监管部门的分工

各级食品药品监管部门要高度重视食品生产经营风险分级管理工作,加强组织领导,明确责任分工,加强队伍建设,按照本办法的要求开展和推进食品生产经营风险分级管理工作。

国家食品药品监管总局深入开展全国食品生产经营风险分级监管制度研究,指导和检查全国食品生产经营风险分级管理工作。

省级食品药品监督管理部门负责组织实施本省食品生产经营风险分级管理工作。制定本省食品生产经营风险分级管理工作规范,结合本行政区域内实际情况,组织实施本省食品生产经营风险分级管理工作,对本省食品生产经营风险分级管理工作进行指导和检查。

此外,本办法还规定省级食品药品监督管理部门一是可以根据本辖区实际情况,对《食品生产经营静态风险因素量化分值表》进行调整,并在本辖区内组织实施。二是应当参照《食品生产经营日常监督检查要点表》制定《食品生产经营动态风险因素评价量化分值表》,并组织实施。三是可以根据本省实际确定不同风险等级食品生产经营者的具体检查频次和本地监管重点。四是可以参照本办法制定食用农产品市场销售、小作坊、食品摊贩的风险分级管理制度。

市、县级食品药品监督管理部门负责开展本地区食品生产经营风险分级管理的具体工作,对辖区内食品生产经营者组织实施动态风险因素的评价工作,确定食品生产经营者风险等级,并参考本办法中建议的监管频次,根据当地监管资源、企业分布等实际情况,合理确定各食品生产经营者年度监督检查频次。

(二)省级食品药品监督管理部门的重要地位

省级食品药品监督管理部门是实施食品生产经营风险管理工作的重要

环节。我国各地食品工业发展、食品消费特点均有所不同,因此,在食品生产经营风险分级工作中,难以对全国食品生产经营风险分级工作实行“一刀切”式的规定。

因此,各省级食品药品监督管理部门要根据本行政区域内实际情况,制定并发布本省食品生产经营风险分级管理工作规范,按照因地制宜的原则,建立本行政区域内风险分级管理的具体办法和流程,确定市县级食品药品监督管理部门的任务和要求。例如,对于食品生产企业的静态风险,各省可以在食品药品监管总局提供的《表1-1.1:食品、食品添加剂生产者静态风险因素量化分值表》的基础上建立本省食品静态风险量化分指标,还可以根据本办法第三十二条提出的监管频次的原则性要求,建立本省“风险等级与监管频次对应表”。

第五条

【办法原文】

第五条 食品生产经营风险分级管理工作应当遵循风险分析、量化评价、动态管理、客观公正的原则。

【内容概述】

本条规定了食品生产经营风险分级管理工作的基本原则。

【条文释义】

(一)风险分析原则

风险分析是指通过科学的方法对食品或食品中某种危害物质以及对人体健康和安全损害的评估,识别存在的风险,确定并实施合适的方法来控制风险,并与利益相关方就危害、风险、风险相关因素及所采取的措施进行交流。风险分析是食品安全领域通行的、科学的决策过程,能为食品安全监管者提供做出有效决策所需的信息和依据,有助于提高食品安全水平,改善公众健康状况。

(二)量化评价原则

量化评价原则是指对食品生产经营风险分级的指标进行量化赋值,按照一定的运算方法计算出该生产经营者的总风险分值,并依据总风险分值对食品生产经营者的风险等级进行划分,即对风险进行评价。

量化评价的原则体现了定量评价和定性评价的统一。定量评价是指对食品生产经营者风险分值的确定过程和计算结果。在本办法中静态风险、动态风险和总分值均是可量化,其中静态风险分值最高40分,动态风险分值最高60分,总分值为100分,以0.1为最低区分精度。定性评价则是回答该企业属于哪个风险等级。本办法在0－100分范围内划分了4个风险等级,企业风险分值落在哪个区域内,即可确定该企业的风险等级:A级、B级、C级和D级。

(三)动态管理原则

动态管理原则是指以一年为周期,对食品生产经营者的风险等级进行调整,作为下一年度食品生产经营者的风险等级。

1. 风险等级的年度调整

风险等级年度调整的依据是食品安全监督管理记录。食品药品监督管理部门根据当年食品生产经营者日常监督检查、监督抽检、违法行为查处、食品安全事故处置、不安全食品召回等食品安全监督管理记录情况,对行政区域内的食品生产经营者的下一年度风险等级进行动态调整。同时,《办法》第二十八、二十九和三十条规定了风险等级调整的情形。

2. 风险等级的重新计算

当食品生产经营主体的静态风险有变化时,应重新计算食品生产经营主体的风险等级。例如,对食品生产企业,如果该企业生产的食品同类新增或变更了不同风险分值的食品种类时,应按照本办法重新计算食品生产企业的风险等级,并与当前企业风险等级对比,取较高风险等级作为下一年度风险等级。

3. 动态调整的时间建议

一般应在年末对食品生产经营者的风险等级进行调整。

(四)客观公正原则

客观公正原则,是指食品药品监督管理部门对食品生产经营者进行风险分级时,必须严格按照分级要求和标准,实事求是、公平合理地确定风险分值。这里所说的“客观”,是指从被监管对象的实际运营表现出发,对企业进行实事求是的评价,既不能夸大风险,也不能忽视企业在管理上的进步,不能凭个人主观的意愿去随意作出评价。“公正”,是指在同一行政区域内,对食品生产经营者进行风险分级时,不能因业态、规模、企业态度以及远近亲疏等因素而尺度不一,应一视同仁。

第六条

【办法原文】

> **第六条　食品生产经营者应当配合食品药品监督管理部门的风险分级管理工作,不得拒绝、逃避或者阻碍。**

【内容概述】

本条规定了食品生产经营者在风险分级管理工作中的义务和要求。

【条文释义】

《食品安全法》第一百一十条规定,县级以上人民政府食品药品监督管理有权对生产经营者进行监督检查,可以采取包括进入生产经营场所实施现场检查和查阅、复制有关合同、票据、账簿以及其他有关资料等措施。食品生产经营风险分级管理是食品药品监督管理部门落实《食品安全法》要求、履行监管职责的重要措施,食品生产经营者应当理解并配合食品药品监督管理部门的风险分级管理工作,保障食品生产经营者动态风险因素现场打分评价的顺利进行。食品生产经营者应当配合的工作包括:提供与食品生产经营相关的文件资料和信息,配合开展食品生产经营过程监督检查。

第二章 风险分级

第七条

【办法原文】

> 第七条　食品药品监督管理部门对食品生产经营风险等级划分，应当结合食品生产经营企业风险特点，从生产经营食品类别、经营规模、消费对象等静态风险因素和生产经营条件保持、生产经营过程控制、管理制度建立及运行等动态风险因素，确定食品生产经营者风险等级，并根据食品生产经营者监督检查、监督抽检、投诉举报、案件查处、产品召回等监督管理记录实施动态调整。
>
> 食品生产经营者风险等级从低到高分为 A 级风险、B 级风险、C 级风险、D 级风险四个等级。

【内容概述】

本条是对食品生产经营风险分级管理工作的总体描述。

【条文释义】

（一）关于食品生产经营者风险等级的确定

食品生产经营企业风险等级是实施风险分级管理的基础，确定风险等级应当遵循风险分析、量化评价、动态管理、客观公正的原则。具体实施中可以分四步走：第一步计算静态风险分值（0－40 分），确定静态风险；第二步计算动态风险分值（0－60 分），确定动态风险；第三步综合静态风险和动态风险（两个分值相加），确定风险分值（0－100 分）；第四步根据风险分值对

应的值域区间,确定风险等级。具体内容如下图所示:

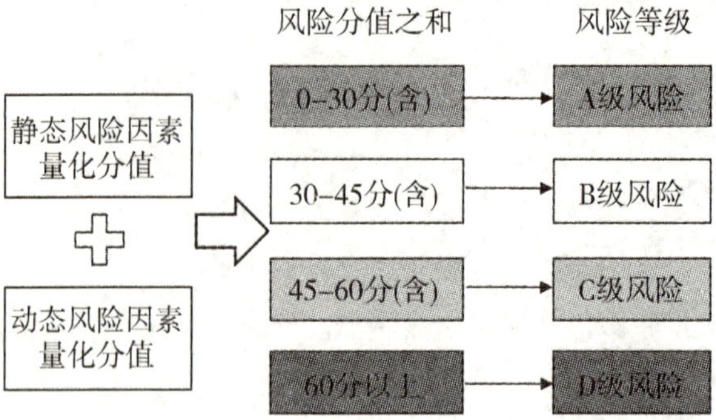

(二)关于风险等级划分的静态风险因素

所谓静态风险,是指根据生产经营的食品类别、经营规模、消费对象等静态风险因素,确定食品生产经营者的风险,并将风险量化为具体分值,分值越高,风险越大。静态风险比较稳定,是具有一定特征的生产经营者集合的共同参数,不会因为生产经营者不同而变化,在一定时期内具有相对稳定的特点。

不同的食品生产经营业态,静态风险因素有所不同。

1. 对于食品生产企业,主要与其生产的食品类别有关。每类食品静态风险因素量化分值的高低,与其主要食品原料属性、食品配方复杂程度、使用食品添加剂多少、生产工艺复杂程度、食品储存条件要求及保质期、抽检发现的问题、食用人群、社会关注程度有关。相对来说,动物源性食品静态风险高于植物源性食品;配方复杂的食品高于配方简单的食品,食品添加剂使用品种、使用量多的食品高于使用品种、使用量少的食品,生产工艺复杂的食品高于生产工艺简单的食品,储存条件要求严的食品高于储存条件要求松的食品,保质期短的食品高于保质期长的食品,抽检合格率低、发现问题多的食品高于抽检合格高、发现问题少的食品,专供婴幼儿和其他特定人群食用食品高于一般消费者食用食品,社会关注程度高的食品高于关注程度低的食品。

食品药品监管总局依据《食品生产许可分类目录》确定的食品分类,在广泛组织各级监管人员和检验机构、审查机构、科研院所、行业协会的技术专家对影响加工食品静态风险因素打分评价的基础上，对食品、保健食品、食品添加剂按照类别名称进行了风险量化，并确定了风险等级（见《办法》附件1），高风险等级共包括婴幼儿配方乳粉、婴幼儿谷类辅助食品、婴幼儿罐装辅助食品、其他特殊膳食食品四种类别食品。

2. 对于食品销售企业，主要与其经营的食品类别、经营规模、供货者数量有关。不同食品类别，经营预包装食品的静态风险量化分值低于经营散装食品，经营常温食品的静态风险量化分值低于经营冷藏食品和冷冻食品。不同经营规模，经营场所面积越大，食品安全管控越难，静态风险量化分值越高。不同供货者数量，涉及的供货者越多，供货商资质评定、食品进货查验、食品安全检查等工作量也越大，静态风险量化分值也越高。

3. 对于餐饮服务提供者，主要与其经营业态、规模、制作食品的类别和数量有关。经营面积越大，供餐人数、配送门店越多，静态风险量化分值越高。同时，从制作食品类别分析，冷食类食品制售、生食类食品制售风险要高于糕点类食品制售，糕点类食品制售风险又高于热食类食品制售、自制饮品制售、其他类食品制售。

（三）关于风险等级划分的动态风险因素

所谓动态风险，是指根据生产经营的条件保持、生产经营过程控制、管理制度建立及运行等动态风险因素，确定食品生产经营者的风险，并对动态风险量化分值，分值越高，风险越大。相比静态风险，动态风险因各企业执行法律规章、标准的能力和水平不同，其产生的风险也有所不同。动态风险体现了每个食品生产经营者维护食品安全、落实主体责任的能力，与静态风险不同，具有因人而异的特点。

不同的食品生产经营业态，动态风险因素有所不同。

1. 食品生产企业的动态风险因素，主要应当考虑企业资质、生产环境条件、进货查验、生产过程控制、产品检验、贮存及交付控制、不合格品管理和食品召回、从业人员管理、食品安全事故处置等方面。

2. 食品销售企业的动态风险因素，主要应当考虑经营资质、经营条件、进货查验、食品安全管理机构和人员、从业人员管理、经营过程控制等情况。

3. 餐饮服务提供者的动态风险因素，主要应当考虑经营资质、从业人员管理、原料控制、加工制作、设备设施管理等情况。

食品生产经营动态风险因素评价量化标准由各省级食品药品监管部门参照《食品生产经营日常监督检查要点表》制定。需要特别说明的是,新获得食品生产许可的食品生产企业,因无法按照评价量化标准进行全项目检查,《办法》提出了两种确定方式:一是按照静态风险确定,即将静态风险按照百分制折算为“企业风险分值”,从而确定风险等级;二是按照食品生产许可现场核查时,填写的《食品、食品添加剂生产许可现场核查评分记录表》进行确定。

(四)关于风险等级的划分

风险等级的划分是食品安全监管内部控制的需要,旨在指导各级食品药品监管部门根据食品生产经营者风险等级,明确监管工作重点,确定日常监管频次,从而优化监管资源、提高监管效率。风险等级的档次越多,风险企业的划分就越细化,但过于细化也会影响监管部门的具体执行。一些欧美国家,食品生产经营模式和监管体系较为成熟,其风险等级划分相对较细,如德国食品风险等级为九级、英国食品风险等级为五级。在近几年组织开展的试点工作中,食品药品监管总局先后尝试了六个风险等级档次和五个风险等级档次的模式,但考虑到我国食品生产经营产业正处于快速发展阶段,区域间产业发展、监管体系建设不平衡,为便于分级管理,在征求各地意见的基础上,将风险等级划分为四级,从低到高依次分为 A 级风险、B 级风险、C 级风险、D 级风险。

风险等级是一个指示性指标。在同类型企业中,风险等级越高,表明该企业在同类企业中食品安全保障能力越差,出现食品安全问题的概率越高,因此食品药品监管部门应当着重集中监管资源、加大监管频次,实施点对点的监管。在不同类别企业中,风险等级高,表明该类别食品更受到社会的广泛关注,相比之下更容易出现问题或者出现问题后影响更大,因此食品药品监管部门更应加大力度实施点对面的监管,并注意行业内的系统风险。当然,风险等级低,也并不意味着就不会发生问题。

(五)关于风险等级的动态调整

动态调整涉及四个层面问题。

1. 调整周期。一般每年调整一次,确保风险等级评定结果与企业实际情况相符。

2. 调整依据。按照食品生产经营者静态风险因素和动态风险因素确定其风险等级后,还要根据对其监督检查、监督抽检、投诉举报、案件查处、产品召回等监督管理记录进行调整。监督管理记录作为调整的原因,主要是其体现了食品生产经营者的安全管理能力,是对其食品安全管理的最直接的评价结果,也体现了与日常监管工作的衔接。

3. 调整办法。在已确定风险等级的基础上,根据监督检查记录,可以调高一个或两个等级,或不作调整,或下调一个等级。《办法》第二十八、二十九和三十条分别作了明确规定。

4. 调整时间。《办法》规定,风险等级每年度调整一次,但考虑风险等级是确定监管频次和制定年度监管计划的重要依据,有的试点省份将动态调整时间定在 11 月,有的试点省份定在 3 月。各省级食品药品监管部门可根据本省实际来确定。因此建议动态调整的时间点安排在年底或年初 3 月。食品生产经营者风险等级动态调整见下图。

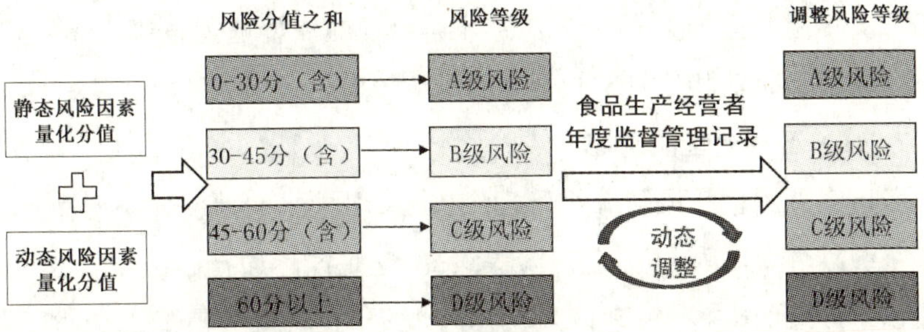

第八条

【办法原文】

第八条　食品药品监督管理部门确定食品生产经营者风险等级,采用评分方法进行,以百分制计算。其中,静态风险因素量化分值为 40 分,动态风险因素量化分值为 60 分。分值越高,风险等级越高。

【内容概述】

本条规定了风险等级的评分方法以及静态风险因素和动态风险因素的分值划分。

【条文释义】

(一)关于风险分值的理解

与传统的得分制不同,本办法中的风险分值采取负向得分的计算方法,用来评价风险的大小,即风险越大,分值越高。这与国际上食品风险分级管理的通用做法是一致的。

对于静态风险来讲,分值越高,静态风险越大。例如对于食品生产企业,与普通预包装食品相比,婴幼儿配方乳粉的风险分值高,表明婴幼儿配方乳粉生产企业的风险较大。

对于动态风险来讲,分值越高,动态风险越大。例如对于食品生产企业,按照《食品生产经营日常监督检查要点表》进行全项目检查,出现一项不符合项其风险分值加 1 分或 0.5 分,不符合项的数量越多,分值越高,表明该企业与同类型企业相比日常管理中的风险较大。

(二)关于百分值的确定

各国在开展食品风险分级管理中,均采用量化的评价体系对企业进行风险等级划分。风险分值高,风险等级高,这是国际通行的做法。但是每个国家由于分级的方法、要素以及工作习惯不同,风险分值的总分也不尽相同。例如德国的风险分值总分为 200 分,英国的风险分值总分为 150 分,美国的风险分值总分为 100 分。

本办法中采用百分值计算企业风险得分,符合我国日常工作习惯。

(三)关于静态风险因素和动态风险因素分值比例的划分

静态风险因素和动态风险因素的分值划分比例,是由食品生产经营产业发展水平决定的。改革开放 30 多年来,我国食品工业持续快速发展,但是食品生产经营企业间发展水平相差悬殊,有达到国际水平的现代化规模企业,但更多的是工艺简单、管理粗放的中小企业。即使同类别食品生产经营企业之间，其管理、生产工艺仍然存在较大差异。因此，在《办法》的起草过程中，经过充分研究讨论，决定在风险等级确定的过程中，突出动态风险的比例，加大企业间差异的量化分值，将静态风险分值和动态风险分值的比例设定为4:6，即静态风险占40分，体现不同食品行业之间的差异；动态风险占60分，体现同类型企业之间的差异。

第九条

【办法原文】

> 第九条　食品生产经营静态风险因素按照量化分值划分为Ⅰ档、Ⅱ档、Ⅲ档和Ⅳ档。

【内容概述】

本条规定了食品生产经营静态风险因素的风险等级划分。

【条文释义】

食品生产经营静态风险因素按照量化分值划分为Ⅰ档、Ⅱ档、Ⅲ档和Ⅳ档，就是在静态风险定量评定基础上，按照分值值域，进行定性评价，旨在进一步明晰各食品类别的风险等级，为食品药品监管部门实施日常监督管理提供必要的参考。

对于食品生产经营静态风险因素的量化分值及其等级划分已进行了多年的试点。2014年，食品药品监管总局就食品生产企业风险分级监管，提出指导意见，提出加工食品风险等级确定方法，设定食品生产过程控制要求（0－30分）、针对特殊人群造成健康影响（0－20分）、食品生产链条复杂程度（0－25分）、食品生产加工过程人为掺假造假现象（0－25分）四个方面因素，组织基层监管人员和技术专家对28大类食品进行打分评价。同时按照分值值域划分5个风险等级，即0～20为低风险等级，20～40为较低风险等级，40～60为中等风险等级，60～80为高风险等级，80～100为极高风险等级。《指导意见》同时在福建、甘肃等地区进行了试点。

在《办法》的修订过程中,专家组赴相关省份进行了实地调研,并综合了各方面的意见建议。在《指导意见》基础上,经过多方的讨论、研究及连续3年试点,形成了目前《办法》中食品生产经营静态风险量化分值确定办法。与《指导意见》相比,《办法》主要做了四个方面的调整:一是调整等级层次。静态风险等级由低风险等级、较低风险等级、中等风险等级、高风险等级、极高风险等级5个等级减少为Ⅰ档、Ⅱ档、Ⅲ档、Ⅳ档4个等级;二是调整量化分值。静态风险量化分值从0-100分调整为0-40分;三是调整评价要素。《办法》将原来的4个评价要素调整为主要食品原料属性、食品配方复杂程度、使用食品添加剂多少、生产工艺复杂程度、食品储存条件要求及保质期、抽检发现的问题、食用人群、社会关注程度8个评价要素,且每个要素均为5分,更加科学、合理;四是调整食品业态。在食品生产企业基础中增加了食品销售企业、餐饮服务提供者两类新的业态。

第十条

【办法原文】

第十条　静态风险等级为Ⅰ档的食品生产经营者包括:

(一)低风险食品的生产企业;

(二)普通预包装食品销售企业;

(三)从事自制饮品制售、其他类食品制售等餐饮服务企业。

【内容概述】

本条规定了静态风险等级为Ⅰ档的食品生产经营者范围。

【条文释义】

静态风险等级Ⅰ档为低风险等级。食品生产经营者按照《静态风险因素量化分值表》进行评分，分值为0－15（含）分，其静态风险等级为Ⅰ档，主要包括3类食品生产经营者。

1. 低风险食品生产企业。低风险食品主要是使用植物源性食品原料且原料品种相对较少、食品添加剂使用少、生产工艺较易控制、储存条件要求不高、非特殊食用人群消费类食品，且历年抽检、检查中合格率高，出现风险的概率低或影响范围小。按照《办法》中的《食品、食品添加剂生产者静态风险因素量化分值表》，共包括小麦粉、大米、挂面、其他粮食加工品、味精、可可制品、焙炒咖啡、糖、淀粉糖9种类别名称食品。

2. 普通预包装食品销售企业。普通预包装食品主要指储存条件为常温，无冷藏、冷冻要求的预包装食品。由于其已预先定量包装或者制作在包装材料和容器中，且运输、储存等无特殊要求，因此，风险等级相对较低。

3. 从事自制饮品制售、其他类食品制售等餐饮服务企业。自制饮品指经营者现场制作各种饮料，含冰淇淋等。其他类食品指区域性销售食品、民族特色食品、地方特色食品等。

第十一条

【办法原文】

> 第十一条　静态风险等级为Ⅱ档的食品生产经营者包括：
>
> （一）较低风险食品的生产企业；
>
> （二）散装食品销售企业；
>
> （三）从事不含高危易腐食品的热食类食品制售、糕点类食品制售、冷食类食品制售等餐饮服务企业；
>
> （四）复配食品添加剂之外的食品添加剂生产企业。

【内容概述】

本条规定了静态风险等级为Ⅱ档的食品生产经营者范围。

【条文释义】

静态风险等级Ⅱ档为较低风险等级。食品生产经营者按照《静态风险因素量化分值表》进行评分,分值为15－20(含)分,其静态风险等级为Ⅱ档,主要包括4类食品生产经营者。

1. 较低风险食品生产企业。较低风险食品属于按照《食品、食品添加剂静态风险因素量化分值确定方法》打分评价,分值为15－20(含)分的食品。主要是使用植物源性食品原料、工艺比较成熟、储存条件要求不高的食品,以及个别生产工艺简单、储存条件要求不高的动物源性食品。按照《办法》附件"表1－1.1",共涉及食用植物油、酱油、食醋等46种类别名称食品。

2. 散装食品销售企业。主要指销售无预先定量包装,需要称重销售食品(包括无包装和非定量包装的食品)的企业。散装食品的特点决定了其风险等级相对预包装食品要高。

3. 从事不含高危易腐食品的热食类食品制售、糕点类食品制售、冷食类食品制售等餐饮服务企业。高危易腐食品指蛋白质或碳水化合物含量一般较高,通常PH大于4.6且水分活度大于0.85,需要控制温度和时间以防止腐败变质和细菌生长、繁殖、产毒的食品。此类食品受其组成成分和微生物、酶作用以及外界温度的影响,容易造成腐败、变质等安全问题。因此,经营此类食品的热食类食品制售、糕点类食品制售、冷食类食品制售等餐饮服务企业风险等级应相对高一些。

4. 复配食品添加剂之外的食品添加剂生产企业。食品药品监管总局《食品生产许可分类目录》将食品添加剂共分为3个类别名称:食品添加剂,食品用香精,复配食品添加剂。《办法》将除了复配食品添加剂外的其他食品添加剂的静态风险等级均确定为Ⅱ档。

第十二条

【办法原文】

> 第十二条　静态风险等级为Ⅲ档的食品生产经营者包括:
>
> (一)中等风险食品的生产企业,应当包括糕点生产企业、豆制品生产企业等;
>
> (二)冷冻冷藏食品的销售企业;
>
> (三)从事含高危易腐食品的热食类食品制售、糕点类食品制售、冷食类食品制售、生食类食品制售等餐饮服务企业;
>
> (四)复配食品添加剂生产企业。

【内容概述】

本条规定了静态风险等级为Ⅲ档的食品生产经营者范围。

【条文释义】

静态风险等级Ⅲ档为中等风险等级。食品生产经营者按照《静态风险因素量化分值表》进行评分,分值为20－25(含)分,其静态风险等级为Ⅲ档,主要包括4类食品生产经营者。

1. 中等风险食品生产企业。《办法》附件"表1－1.1"确定为中等风险的食品共包括25种类别名称食品,主要包括四种类型:一是动物源性食品(共12种,占总数48.0%);二是易受污染的即食食品,如《办法》规定必须列为Ⅲ档风险等级的糕点、豆制品;三是生产工艺难以控制,抽检合格率相对较低的食品。如瓶桶装饮用水;四是食品添加剂使用较多食品,如蜜饯、酱腌菜等。

2. 冷冻冷藏食品销售企业。冷冻冷藏食品要求从出厂装货、运输、储存到销售的全环节温控符合要求,否则容易变质、腐败、营养成分过多流失,因此,从事此类食品销售的企业应当列为Ⅲ档风险等级。

3. 从事含高危易腐食品的热食类食品制售、糕点类食品制售、冷食类食品制售、生食类食品制售等餐饮服务企业。高危易腐食品指蛋白质或碳水化合物含量一般较高,通常 pH 大于 4.6 且水分活度大于 0.85,需要控制温度和时间以防止腐败变质和细菌生长、繁殖、产毒的食品。鉴于此类食品特点,《办法》将经营此类食品的热食类食品制售、糕点类食品制售、冷食类食品制售、生食类食品制售等餐饮服务企业列为Ⅲ档风险等级。

4. 复配食品添加剂生产企业。根据《食品安全国家标准 复配食品添加剂通则》(GB 26687－2011),复配食品添加剂是指为了改善食品品质、便于食品加工,将两种或两种以上单一品种的食品添加剂,添加或不添加辅料,经物理方法混匀而成的食品添加剂。与普通食品添加剂相比,复配食品添加剂具有使各种单一食品添加剂作用得以互补、风味得以优化加强等优势,所以近年来复配食品添加剂的使用日益广泛,但如果生产管控不到位,也可能存在生产过程发生化学反应产生新的化合物,有害物质超过限量,标识允许使用范围超过标准规定等问题。

第十三条

【办法原文】

第十三条 静态风险等级为Ⅳ档的食品生产经营者包括:

(一)高风险食品的生产企业,应当包括乳制品生产企业、肉制品生产企业等;

(二)专供婴幼儿和其他特定人群的主辅食品生产企业;

(三)保健食品的生产企业;

(四)主要为特定人群(包括病人、老人、学生等)提供餐饮服务的餐饮服务企业;

(五)大规模或者为大量消费者提供就餐服务的中央厨房、用餐配送单位、单位食堂等餐饮服务企业。

【内容概述】

本条规定了静态风险等级为Ⅳ档的食品企业范围。

【条文释义】

静态风险等级Ⅳ档为高风险等级。食品生产经营者按照《静态风险因素量化分值表》进行评分，分值为 25－40 分的，其静态风险等级为Ⅳ档。一般来说，静态风险等级为Ⅳ档的食品生产经营者食品原料、配方、工艺、储存等要素的要求高，消费对象对食品生产经营者提供产品的依赖性强，出现风险的概率大或影响范围广。主要包括：高风险食品的生产企业；专供婴幼儿和其他特定人群的主辅食品生产企业；保健食品的生产企业；主要为特定人群（包括病人、老人、学生等）提供餐饮服务的餐饮服务企业；大规模或者为大量消费者提供就餐服务的中央厨房、用餐配送单位、单位食堂等餐饮服务企业。

将以上五大类食品列为高风险食品进行重点监管，既是监管工作的需要，也是对《食品安全法》有关风险管理规定的细化。《食品安全法》第一百零九条规定，“食品安全年度监督管理计划应当将下列事项作为监督管理的重点：(1)专供婴幼儿和其他特定人群的主辅食品；(2)保健食品生产过程中的添加行为和按照注册或者备案的技术要求组织生产的情况，保健食品标签、说明书以及宣传材料中有关功能宣传的情况；(3)发生食品安全事故风险较高的食品生产经营者；(4)食品安全风险监测结果表明可能存在食品安全隐患的事项。”

第十四条

【办法原文】

> **第十四条　生产经营多类别食品的，应当选择风险较高的食品类别确定该食品生产经营者的静态风险等级。**

【内容概述】

本条规定了对多类别食品的生产经营者，确定静态风险等级的方法。

【条文释义】

本条规定,采用“从高确定”的原则计算食品生产经营者静态风险,进而确定食品生产经营者静态风险等级。由于食品生产和经营之间风险特点的不同,因此在对食品生产企业和食品经营企业确定静态风险时,所采取的具体“从高确定”的方法是不同的。

1. 对于食品生产企业。根据《食品生产许可管理办法》和《食品生产许可分类目录》,共有 31 大类食品、89 种类别名称食品,而一个企业往往生产多种食品。因此对于食品生产企业的静态风险,在确定每类食品的静态风险分值后,不宜采用加和的办法确定多种类食品生产企业的静态风险(静态风险的上限分值难以确定)。而应采用从高原则,即如果该企业生产多种食品,则选择风险分值较高的食品作为该企业的静态风险确定依据,以较高的静态风险分值作为该企业的静态风险分值,从而确定静态风险等级。例如,某企业同时生产瓶(桶)装饮用水和碳酸饮料(汽水),根据《食品、食品添加剂生产者静态风险因素量化分值表》(表 1 - 1. 1),瓶(桶)装饮用水和碳酸饮料(汽水)的静态风险分值分别为 22. 5 和 19. 5。按照“从高确定”的原则,应以瓶(桶)装饮用水(22. 5)作为静态风险的确定依据,该企业静态风险等级为 II 档。

2. 对于食品经营企业。根据《食品经营许可管理办法》,食品经营项目分为预包装食品销售(含冷藏冷冻食品、不含冷藏冷冻食品)、散装食品销售(含冷藏冷冻食品、不含冷藏冷冻食品)、特殊食品销售(保健食品、特殊医学用途配方食品、婴幼儿配方乳粉、其他婴幼儿配方食品)、其他类食品销售;热食类食品制售、冷食类食品制售、生食类食品制售、糕点类食品制售、自制饮品制售、其他类食品制售等。食品经营项目的类型相对较少,对于多项目经营的,可以采用加和的方法计算。但是由于食品经营行业直接面向消费者的特点,不同规模的食品经营者具有不同的风险影响。因此,在实际评分中,仍然采用“从高确定”的原则,例如《表 1 - 2:食品销售企业静态风险因素量化分值表》中规定食品经营场所面积越大分值越高。

第十五条

【办法原文】

第十五条　《食品生产经营静态风险因素量化分值表》(以下简称为《静态风险表》,见附件1)由国家食品药品监督管理总局制定。

省级食品药品监督管理部门可根据本行政区域实际情况,对《静态风险表》进行调整,并在本行政区域内组织实施。

【内容概述】

本条规定了《静态风险表》的制定、调整及实施要求。

【条文释义】

(一)关于《静态风险表》的理解

静态风险比较稳定,是具有一定特征的生产经营者集合的共同参数,不会因每个生产经营者不同而变化,在一定时期内具有相对稳定的特点。食品药品监管总局在前期研究、试点和论证的基础上,综合各方意见,确定了影响静态风险的要素及其所占分值,制定了《静态风险表》,由表1-1.1、表1-1.2、表1-2、表1-3共4个表单构成,分别明确了食品、食品添加剂生产者以及食品销售企业、餐饮服务提供者3种业态的静态风险因素量化分值表。这些表格简明易懂,可操作性强。

(二)关于《静态风险表》的调整

我国幅员辽阔且区域发展不平衡,不同地区食品生产经营产业发展差异较大,同一类别名称产品,由于各地温度、湿度、习俗、口味、爱好不同,产品配方、生产工艺、储存要求、管理要求也各不相同,静态风险分值也会有所差异。为确保食品生产经营风险分级管理工作的有效推进,《办法》充分考虑实际操作性、地域差异性、运行自主性等因素,规定"省级食品药品监督管理部门可根据本行政区域实际情况,对《静态风险表》进行调整,并在本行政区域内组织实施"。

省级食品药品监督管理部门在调整《静态风险表》时,可以重点围绕以下两个方面。一是食品类别是否齐全。《办法》将31大类食品细化为89个类别名称,并分别确定了静态风险分值及风险等级,但由于地域、习俗、历史等原因,有些食品尤其是一些地方特色食品尚无法归入表1-1.1列出的类别名称。各地可以按照表1-1.2确定的静态风险因素量化分值确定办法,补充完善相关食品的风险分值和风险等级;二是食品类别的分值是否恰当。同一类别名称产品,由于各地气候、风俗、习惯不同,产品的原辅材料、加工工艺、储存要求、风险因素也各不相同,静态风险也有所差异,各地可以结合辖区实际对部分产品的量化分值和风险等级进行调整。特别是其他食品,表1-1.1将其分值确定为14.5,风险等级为低(Ⅰ),但其他食品包含范围较大,生产条件、产品原料、加工工艺、涉及风险等也可能存在较大差异,各地可以根据当地实际,对其他食品按照品种明细分别确定风险分值和风险等级。

第十六条

【办法原文】

第十六条　对食品生产企业动态风险因素进行评价应当考虑企业资质、进货查验、生产过程控制、出厂检验等情况;特殊食品还应当考虑产品配方注册、质量管理体系运行等情况;保健食品还应当考虑委托加工等情况;食品添加剂还应当考虑生产原料和工艺符合产品标准规定等情况。

对食品销售者动态风险因素进行评价应当考虑经营资质、经营过程控制、食品贮存等情况。

对餐饮服务提供者动态风险因素进行评价应考虑经营资质、从业人员管理、原料控制、加工制作过程控制等情况。

【内容概述】

本条提出了食品生产经营者动态风险因素的评价要求。

【条文释义】

动态风险,是指根据生产经营的条件保持、生产经营过程控制、管理制度建立及运行等动态风险因素,确定食品生产经营者的风险。动态风险体现了每个食品生产经营者维护食品安全、落实主体责任的能力。不同的食品生产经营业态,动态风险因素有所不同。

(一)食品生产企业动态风险因素的构成

《食品安全法》对于食品生产企业提出了从原料进厂到成品出厂的全过程控制要求,其中,第四十六条特别强调食品生产企业应当对原料控制、生产关键环节控制、检验控制、运输和交付控制制定并实施控制要求。《食品安全国家标准 食品生产通用卫生规范》(GB 14881 - 2013)规定了食品生产过程中原料采购、加工、包装、贮存和运输等环节的场所、设施、人员的基本要求和管理准则。因此,评价食品生产企业动态风险因素,应将可能影响其食品安全的风险因素都包含在内,即"主要包括生产环境条件、进货查验结果、生产过程控制、产品检验结果、贮存及交付控制、不合格品管理和食品召回、从业人员管理、食品安全事故处置等风险因素。"

其中,生产环境条件方面,主要是厂区布局不合理,部分企业与扩散性污染源没有保持适当距离,厂区卫生环境较差,存在积水、扬尘、虫害等隐患;进货查验结果方面,主要是进货查验有关制度不能有效落实,部分企业原辅材料没有检查验收;生产过程控制方面,主要是生产加工过程关键控制点管理不到位,部分企业甚至超范围、超限量使用食品添加剂,生产或使用未经批准的新食品原料,使用药品或仅用于保健食品的原料,使用非食品原料、回收食品、食品添加剂以外的化学物质、超过保质期的食品原料和食品添加剂生产食品,标注虚假生产日期或批号;产品检验结果方面,主要是部分企业自检能力不足,缺少出厂检验原始记录,原始记录不真实或伪造原始记录;贮存及交付控制方面,主要是原辅料、添加剂混放且无专人管理,通风、温湿度等贮存条件不符合要求,没有建立或执行不合格品管理制度,出入库、仓储、运输、交付等没有记录或记录不规范;从业人员管理方面,主要是部分企业从业人员综合素养不高、食品安全知识缺乏、安全意识不足,关键岗位和技术人员专业知识不足、技能欠熟练等问题;食品安全事故处置方面,主要是没有制定食品安全应急预案,没有定期排查食品安全风险隐患。

(二)特殊食品生产企业的动态风险因素评价

由于保健食品在食用目的、特定人群、食用量以及食用方法上与普通食品有着明显不同,特殊医学用途配方食品是为了特定疾病状态人群对营养素或膳食的特殊需要专门加工配制而成的食品,婴幼儿配方食品是为适用于婴幼儿正常营养需要而生产的配方食品,上述这些食品均存在特殊的食品安全风险。《食品安全法》第四章第四节对特殊食品生产经营进行了明确规定,规定国家对保健食品、特殊医学用途配方食品和婴幼儿配方食品等特殊食品类进行严格监督管理,要求对特殊食品实施注册或备案管理,且生产企业应当按照良好生产规范的要求建立与所生产食品相适应的生产质量管理体系。因此,在对特殊食品生产企业的动态风险进行评价时,还应考虑产品配方注册、质量管理体系运行等情况。

(三)食品添加剂生产企业的动态风险因素评价

食品添加剂是指为改善食品品质和色、香、味以及防腐保鲜和加工工艺的需要而加入食品中的人工合成或者天然物质,包括营养强化剂。相对于食品,食品添加剂的生产在生产原料、生产工艺上有其特殊要求。《食品安全法》第三十五条规定,"生产食品添加剂应当符合法律、法规和食品安全国家标准"。其中,生产原料和生产工艺是食品添加剂食品安全国家标准的重要内容要素。原卫生部《卫生部办公厅关于食品添加剂使用原料级别问题的复函》(卫办监督函〔2011〕321 号)明确规定,"食品添加剂产品标准属于食品安全国家标准。凡食品添加剂产品标准中对原料级别作出规定的,食品添加剂生产企业必须使用相应级别或质量更高的原料;对原料级别未作具体规定的,食品添加剂生产企业可自行选择原料级别,食品添加剂生产工艺和产品应当符合食品安全国家标准"。

因此,《办法》要求,食品添加剂还应当考虑生产原料和工艺符合产品标准规定等情况。

(四)食品销售者的动态风险因素评价

对于食品销售,不管是经营预包装食品还是散装食品,经营常温食品、冷藏食品还是冷冻食品，涉及食品安全的主要因素是经营资质、经营过程、食品贮存。因此，《办法》要求对食品销售者动态风险因素进行评价应当考虑经营资质、经营过程、食品贮存等情况。

（五）餐饮服务提供者的动态风险因素评价

《食品安全法》对餐饮服务从经营许可、从业人员健康管理、原料管理、加工过程控制到餐饮具消毒提出了全过程的管理要求。《办法》进一步细化了《食品安全法》的有关规定，为全面评价餐饮服务提供者食品安全保障能力，需要将其经营资质、从业人员管理、原料控制、加工制作过程等列为动态风险评价因素。

第十七条

【办法原文】

第十七条　省级食品药品监督管理部门可以参照《食品生产经营日常监督检查要点表》制定食品生产经营动态风险因素评价量化分值表（以下简称为动态风险评价表），并组织实施。

但是，制定食品销售环节动态风险因素量化分值，应参照《食品销售环节动态风险因素量化分值表》（见附件2）。

【内容概述】

本条规定了省级《食品生产经营动态风险因素评价量化分值表》的制定要求。

【条文释义】

（一）关于制定实施食品生产企业动态风险评价表

《食品生产日常监督检查要点表》确定的检查项目共51项，2016年，食品药品监督管理局出台了《食品生产经营日常监督检查管理办法》（总局令第23号），并下发《关于印发食品生产经营日常监督检查有关表格的通知》

(食药监食监一〔2016〕58号)对食品生产经营的监督检查工作进行了规范。其中,重点项21项,一般项30项。省级食品药品监管部门可以参照检查要点表,制定动态风险评价表,总分60分,各检查项目按照重要程度设置相应的风险权重。常见的打分评价方法有三种:

1. 逐项统计法。即各检查项目按照重要程度设置不同的风险分值。如重点项1分,一般项0.5分,所有项目分数之和控制在60分。对企业进行全项目检查后,评价结果为不符合的即折算成对应的风险分值,统计所有风险分值之和,就是该企业的动态风险分值。

2. 计数计算法。即将重点项、一般项的数目划分若干区间,并设定不同区间的动态风险值。例如,重点项不符合数在1－3项的,动态风险分值设为15分;重点项不符合数在4－6项的,动态风险分值设为30分;重点项不符合数在7－9项的,动态风险分值设为45分;重点项不符合数超过10项的,动态风险分值为60分;一般项也可类似设置。最后按照重点项和一般项的数量计算动态风险分值。

3. 单项计分法。按照《食品生产日常监督检查要点表》进行全项目检查,每发现1个重点项不符合,折算成动态风险分值10分;每发现1个一般项不符合,折算成动态风险分值5分,封顶60分。在确定打分方法时,应与当地实际情况结合起来,具体建议见第二十一条释义。

(二)关于制定实施食品销售环节动态风险量化分值表

食品药品监管总局在多年实践和试点的基础上,制定了《食品销售环节动态风险因素量化分值表》,共包括食品通用检查项目(34项)以及特殊场所和特殊食品检查项目(19项)两大部分,并根据检查项目的重要项性,分别设置了1.0分和0.5分的分值。《办法》明确各省级食品药品监管部门制定食品销售环节动态风险量化分值应当参照《食品销售环节动态风险因素量化分值表》。

(三)关于制定实施餐饮服务提供者动态风险量化分值表

《办法》明确,各省级食品药品监管部门可以参照《餐饮服务日常监督检查要点表》,制定餐饮服务提供者动态风险量化评价表,总分60分,各检查项目按照重要程度设置相应的风险权重,具体设定办法见本条“关于制定实施食品生产企业动态风险评价表”释义。

第十八条

【办法原文】

> **第十八条　食品药品监督管理部门应当通过量化打分，将食品生产经营者静态风险因素量化分值，加上生产经营动态风险因素量化分值之和，确定食品生产经营者风险等级。**
>
> **风险分值之和为 0—30（含）分的，为 A 级风险；风险分值之和为 30—45（含）分的，为 B 级风险；风险分值之和为 45—60（含）分的，为 C 级风险；风险分值之和为 60 分以上的，为 D 级风险。**

【内容概述】

本条规定了食品生产经营风险分值和风险等级的确定方法。

【条文释义】

（一）关于食品生产经营风险分值的计算

食品生产经营企业风险分值由静态风险和动态风险分值两个部分组成，两者之和就是企业风险分值，具体计算方法可参见第七条释义。

（二）关于风险分值的值域划分

将风险分值划分为不同的值域，旨在进一步确定食品生产经营风险等级，将定量数据转化为定性评价，便于各级食品药品监管部门更加科学直观地了解食品生产经营企业的风险等级，从而进一步明确监管重点、监管频次。风险分值的值域划分直接决定风险分值其所代表的风险等级，是风险分级管理的重要指标。

2014 年，食品药品监管总局提出的食品生产企业风险分级监管指导意见，将企业风险分值总分设置为 200 分，并将风险等级（r）划分为 5 个等级，0 - 40 分的为 r1 风险等级；41 - 80 分的为 r2 风险等级；81 - 120 分的为 r3 风险等级；121 - 160 分的为 r4 风险等级；161 - 200 分的为 r5 风险等级，并在福建、甘肃等地进行了试点。根据三个试点省份汇总的数据，试点涵盖的

607 家食品生产企业的风险评级结果为 r1 企业 72 家、r2 企业 299 家、r3 企业 191 家、r4 企业 45 家、r5 企业 0 家,数据显示风险等级 r2、r3 的企业相对较多,而风险等级 r1、r4、r5 相对较少,其中风险等级 r5 的企业数为 0,基本符合统计学规律和监管工作实际。

在《办法》制定过程中,起草组对试点地区进行了实地调研,部分省份建议将风险等级调整为 4 级,便于基层监管部门实际操作。在综合各方意见后,《办法》将风险等级确定为 4 级,同时考虑我国的传统使用习惯,将风险分值总分设置为 100 分,并将风险分值按照百分制划分为 4 个值域,即:0 - 30(含)分的为 A 级风险、30 - 45(含)分的为 B 级风险、45 - 60(含)分的为 C 级风险、60 分以上的为 D 级风险。

第十九条

【办法原文】

第十九条　食品药品监督管理部门可以根据食品生产经营者年度监督管理记录,调整食品生产经营者风险等级。

【内容概述】

本条规定了食品生产经营者风险等级的动态调整要求。

【条文释义】

前文中的第五条释义对动态管理原则进行了解读。本条款进一步明确了风险等级的动态调整办法,即食品药品监督管理部门可以根据食品生产经营者当年度食品生产经营者日常监督检查、监督抽检、违法行为查处、食品安全事故应对、不安全食品召回等食品安全监督管理记录情况,调整确定该企业下一年度风险等级。动态调整按照《办法》第二十八、二十九和三十条规定执行,实行一年一调,具体调整方式参见《办法》第二十八、二十九和三十条释义。

第三章　程 序 要 求

第二十条

【办法原文】

> 第二十条　食品药品监督管理部门评定食品生产经营者静态风险因素量化分值时应当调取食品生产经营者的许可档案，根据静态风险因素量化分值表所列的项目，逐项计分，累加确定食品生产经营者静态风险因素量化分值。
>
> 食品生产经营许可档案内容不全的，食品药品监督管理部门可以要求食品生产经营者补充提交相关的材料。

【内容概述】

本条规定了食品生产经营者静态风险因素分值确定的具体方法、程序和要求。

【条文释义】

本条应当结合本办法第十五条规定执行。《办法》第十五条规定，《食品生产经营静态风险因素量化分值表》由国家食品药品监督管理总局制定。

省级食品药品监督管理部门可根据本行政区域实际情况，对《静态风险表》进行调整，并在本行政区域内组织实施。

如果食品药品监督管理部门按照上述规定对食品生产经营者静态风险因素分值进行调整应执行本条规定的具体方法、程序和要求，按照《食品生产经营静态风险因素量化分值表》逐项评分，并确定静态风险因素量化总分。

(一)静态风险评定与许可档案的关系

食品生产经营者静态风险因素分值是根据食品生产经营者生产经营的食品以及业态确定的,而食品生产经营者生产经营的食品以及业态必须是经过许可并在许可证书中载明,未经许可生产经营属于违反食品生产经营许可规定的行为,应当依法查处,不应作为静态风险因素分值的确定因素。为了便于基层监管部门开展食品生产经营者风险分级管理工作,本办法在工作程序上尽可能减少实际操作过程中的重复工作,快速便捷地完成食品生产经营者风险等级评定。因此在静态风险因素的设置上充分考虑了与许可工作的衔接。例如在对食品生产企业静态风险因素的设定上,主要评价企业所生产的食品种类,而食品种类则与食品生产许可目录保持一致,即只要生产企业获得了食品生产许可,其生产的食品种类就确定了,相应的静态风险分值也能确定,大大便利了食品生产企业静态风险的评价工作。

因此,在开展静态风险因素的评定时,应调取食品生产经营者获得许可的食品种类及业态。

(二)如何调取许可档案

根据《办法》对应食品生产企业获得许可的食品种类,即为食品生产企业风险分级中的静态风险因素。因此,对于食品生产企业风险分级监管工作,获得生产许可档案的工作非常重要。许可档案调取工作应符合以下规定:

1. 符合《行政许可法》第六十一条的规定。县级以上食品药品监督管理部门应当健全监督制度,通过核查反应被许可人从事行政许可事项活动情况的有关资料,履行监督责任。县级以上食品药品监督管理部门依法对食品生产经营者实施风险分级管理时,应当调取食品生产和经营许可有关档案,获取与风险分级管理相关的内容,包括获得生产许可的食品种类等。县级以上食品药品监督管理部门应当创造条件,实现与被许可人、其他有关行政机构计算机档案系统互联,核查被许可人从事行政许可事项活动情况。

2. 符合《食品生产许可审查通则》的规定。一是省级食品药品监督管理部门根据监管工作需要确定申请人提交申请材料的分数，确保负责对申请人实施食品安全日常监督管理的食品药品监督管理部门获得申请人申请许可的相关材料，获得风险等级确定所需的资料。二是许可机关做出准予生产许可决定的，申请人的申请材料及相关许可材料应及时送达到对申请人实施食品安全日常监督管理的食品药品监督管理部门，以便及时了解申请人获得许可事项的具体情况，利于风险分级工作的开展。

各地在开展调取许可档案时，有条件的可以借助信息化手段，将食品生产经营许可系统与食品风险分级管理系统对接或开发成一套集食品生产经营许可、监督检查等食品安全监管的综合信息化系统，通过系统直接调取食品生产经营许可信息，避免重复输入或人工查询。未建立信息化系统的，则应调用纸质许可材料对许可的种类和业态进行汇总，准确确定食品生产经营者的静态风险因素分值。

（三）要求生产经营者补充提供哪些材料

如果因前期职能调整等原因，导致负责日常监督管理的食品药品监督管理部门不能完全调取许可档案，或档案中有关《食品生产经营静态风险因素量化分值表》中作为打分因素的信息不全面，食品生产经营者应按照监管部门的要求提供相符合《食品生产经营静态风险因素量化分值表》要素的有关资料。例如，在食品销售环节开展静态风险因素评估时，需要食品销售者提供本销售单位的经营面积、销售品类及数量、供货者资料等。食品销售者应及时配合分级工作，及时提供有关数据信息，便于分级工作的顺利进行。

第二十一条

【办法原文】

第二十一条 对食品生产经营动态风险因素量化分值的评定,可以结合对食品生产经营者日常监督检查结果确定,或者组织人员进入企业现场按照动态风险评价表进行打分评价确定。

食品药品监督管理部门利用日常监督检查结果对食品生产经营者实施动态风险分值评定,应当结合上一年度日常监督检查全项目检查结果,并根据动态风险评价表逐项计分,累加确定。

食品药品监督管理部门对食品生产经营者实施动态风险因素现场打分评价,按照《食品生产经营日常监督检查管理办法》确定,必要时,可以聘请专业技术人员参与现场打分评价工作。

【内容概述】

本条规定了食品生产经营动态风险因素的量化评价方法、程序和要求,实现了与《食品生产经营日常监督检查管理办法》规定的对接。

【条文释义】

本条规定了两种食品生产经营动态风险因素量化分值的评定方法,一是按照食品生产经营者日常监督检查结果确定,二是组织人员进入企业现场按照动态风险因素评价表进行打分评价确定。不管使用哪种打分方法,均应按照本办法第十六、十七条的规定制定《食品生产经营动态风险因素评价表》,明确打分项及打分方法。

与第二十条的思路类似,本条也是充分考虑了基层监管部门开展食品生产经营者风险分级管理工作的便利性,避免重复工作,提出了两种动态风险因素的评价方法。

动态风险因素评价的具体方法:一是已经对食品生产经营者开展了全项的日常监督检查并已获得检查结果的,办法提出可以基于全项日常监督检查结果，按照《食品生产经营动态风险因素评价表》直接打分，确定动态风险分值。如果上一年度的监督检查均为部分项目的监督检查，则应合成为一张全项目的《食品生产经营动态风险因素评价表》，同一项目重复的以最后一次的检查结果为准。以后动态调整时应根据《食品生产经营日常监督检查管理办法》要求，结合《食品生产经营动态风险因素评价表》的项目进行打分确定食品生产经营动态风险因素分值。

二是如果上一年度的日常监督检查项目不满足《食品生产经营动态风险因素评价表》的，可以根据风险分级管理的实施方案，结合年度监督检查计划，组织监督检查人员进入企业现场进行监督检查，按照《食品生产经营动态风险因素评价表》进行打分评价。风险分级管理的实施方案应当明确完成风险分级管理的时间进度，不需要为了风险分级打分而专门开展一次部分项目或全项目的监督检查。

（一）与《食品生产经营日常监督检查管理办法》的对接

为了确保各类食品安全监管工作制度的有效衔接，本办法提出食品生产经营者动态风险因素要与《食品生产经营日常监督检查管理办法》有效衔接，即充分利用各地按照《食品生产经营日常监督检查要点表》实施的监督检查工作，在不增加基层监管部门工作压力的前提下，将监督检查结果量化赋值，充分利用，高效完成风险等级的确定工作，不增加额外的工作量。

1.《食品生产经营日常监督检查要点表》的量化

对食品生产经营动态风险因素量化分值的评定，首先应将《食品生产经营日常监督检查要点表》量化。在量化时，各地可以根据实际情况将《食品生产经营日常监督检查要点表》中的重点项和一般项分别赋予一定的风险分值。

（1）量化方法

赋值时应考虑重点项和一般项的差异性，同时根据《关于印发食品生产经营日常监督检查有关表格的通知》要求，发现大于 8 项一般项或 1 项（含）以上重点项存在问题的，检查结果判定为不符合。因此，在分值上可以按照 1∶8 大概比例分别赋值，分值要有充分体现重点项和一般项的区别。赋值时应符合本办法第八条的规定。即《食品生产经营日常监督检查要点表》全项目的分值之和不超过60分。

(2)量化时应考虑本地实际情况

赋值时应考虑本地食品生产企业的实际情况。虽然可以按照1:8的大概比例进行动态风险量化评价,但各地还是会出现重点项、一般项分值差异。各地设定重点项和一般项风险分值的原则是:将当地企业的风险等级有效区分出来,掌握监管主动性,便于根据监管资源分配监管批次或确定监管重点。

因此,如果当地食品生产企业符合《食品生产经营日常监督检查要点表》的情况较好,很少出现重点项不符合,则重点项和一般项的风险分值可以设定较高,如重点项15分,一般项2分,这样出现一项重点项不符合,则该企业的风险分值总和会升高15分,对于绝大多数食品种类的生产企业来讲,按照本办法风险分值的划分区域,能够将该企业的风险等级提高1个等级,从而将该企业与同类型企业(无重点项不符合的)的风险等级区分开来。

如果当地食品生产企业符合《食品生产经营日常监督检查要点表》的情况较差,容易出现较多的重点项和一般项不符合,则可以考虑将重点项和一般项的风险分值设定较低,如重点项8分,一般项1分,甚至更低。这样即能有效区分企业之间的风险分值和风险等级,还能避免将大量企业定位D级,增加监管的难度。

2.《食品生产经营日常监督检查要点表》的利用

本办法提出对食品生产经营动态风险因素量化分值的评定,可以结合对食品生产经营者日常监督检查结果确定,或者组织人员进入企业现场按照动态风险评价表进行打分评价确定。这给出了三种情形下《食品生产经营日常监督检查要点表》的利用方法:

(1)已开展《食品生产经营日常监督检查要点表》全项检查的

对于已经按照《食品生产经营日常监督检查要点表》实施日常监督检查且开展了全项检查的,可以按照本地区《食品生产经营日常监督检查要点表》的量化方法,逐项累加计算动态风险因素量化分值,超过60分的按60分计算。该分值可作为该企业动态风险因素量化分值。

如果开展了1次以上全项检查的,各地可以随机选取某1次的全项检查结果作为动态风险因素量化的依据。考虑到基层监管人员对要点表的掌握过程以及企业对上次问题的整改情况，建议选取最近一次的全项检查结果作为量化依据。

(2)分多次涵盖《食品生产经营日常监督检查要点表》全项检查的

对于已经按照《食品生产经营日常监督检查要点表》实施日常监督检查且开展了多次随机检查的，可以将多次随机检查的结果合并。如果合并后覆盖了《食品生产经营日常监督检查要点表》全项目的，可以按照本地区《食品生产经营日常监督检查要点表》的量化方法将多次结果合并量化，逐项累加计算动态风险因素量化分值，超过60分的按60分计算。该分值可作为该企业动态风险因素量化分值。

如果多次随机检查有重复项目的，建议按照最近一次检查结果进行赋值。

如果多次随机检查结果合并后仍不能覆盖全项目的，建议尽快获得该空缺项目的检查结果。

(3)未实施《食品生产经营日常监督检查要点表》的

对于尚未按照《食品生产经营日常监督检查要点表》实施日常监督检查的，应按照《食品生产经营日常监督检查管理办法》和《食品生产经营日常监督检查要点表》的要求尽快组织实施日常监督检查。这是基层监管部门应该履行的监管职责。按照《食品生产经营日常监督检查要点表》实施日常监督检查后，可以按照(1)或(2)的要求进行量化赋值。

(二)专业技术人员

食品安全监管是一项技术性强的系统性工作，对于某些专业性、技术性强，监管人员能力不能完全满足监管需要时，在开展动态风险评价时，可以聘请专业技术人员参与现场打分评价工作。

1. 专业技术人员的素质要求

聘请的专业技术人员，应具备食品安全相关的基础知识、专业技能，掌握食品生产企业监督管理的法律法规，熟悉食品安全国家标准，遵守工作纪律，保守企业商业秘密。

2. 专业技术人员的职责

专业技术人员在生产现场为技术辅助人员,可以就检查内容和判断提出专业建议,也可以就企业存在的风险隐患提出专业建议。但不能直接参与检查结果的确定和打分。

3. 专业技术人员的选派

选派专业技术人员应坚持科学公正公平的原则。一般情况下,可以从生产许可审查员、知名高校和专业的科研单位选择备选专业技术人员。各地可以根据实际情况给予专业技术人员一定的劳务报酬。专业技术人员进入生产现场时,应出示个人身份证明。

4. 专业技术人员应遵守检查纪律

现场打分评价工作是一项严肃而认真的活动,遵守检查纪律,在检查工作中不吃拿卡要,是对专业技术人员的基本要求。特别是参与企业现场检查时,代表了监管部门的形象。为了维护现场打分评价工作的严肃性,参与现场打分评价工作的专业技术人员应严格遵守廉洁的工作纪律,自觉创建风清气正的现场打分评价氛围,以专业的技能和过硬的作风为现场打分评价人员提供专业的技术建议,确保现场打分评价工作的科学公正。

第二十二条

【办法原文】

第二十二条　现场打分评价人员应当按照本办法和动态风险评价表的内容要求,如实作出评价,并将食品生产经营者存在的主要风险及防范要求告知其负责人。

【内容概述】

本条规定了现场打分评价人员动态风险评价的工作纪律,以及发现的风险点时与生产经营者的风险交流及闭环处置。

【条文释义】

(一)现场打分的纪律要求

现场打分评价人员应当熟悉监管业务及食品生产经营知识,同时具备严肃认真,脚踏实地的工作作风,按照《食品生产经营日常监督检查管理办法》规定的《日常监督检查要点表》和《食品生产经营动态风险因素评价表》项目进行监督检查中,并评定检查结果。各省级食品药品监管部门在根据本办法第四条的规定制定本省食品生产经营风险分级工作规范时,建议结合本地监管工作实际,按照《食品生产经营日常监督检查管理办法》和本办法规定,制定覆盖《食品生产经营日常监督检查管理办法》规定的《日常监督检查要点表》的《食品生产经营动态风险因素评价表》,实现一次监督检查中,即完成《食品生产经营日常监督检查管理办法》规定,又完成本办法规定的食品生产经营动态风险因素评价。

(二)风险点的风险交流与闭环处置

本条体现了食品安全风险交流的原则。在现场打分评价过程中,发现存在问题项需要确定为风险分值的,现场打分评价人员应严格监督检查、严格打分,将存在问题项如实记录在《食品生产经营日常监督检查要点表》和《食品生产经营日常监督检查结果记录表》及《食品生产经营动态风险因素评价表》中。同时根据《食品生产经营日常监督检查管理办法》第二十三条的规定,书面提出整改要求中,告知生产经营者存在问题项,必要时,还需跟踪整改情况,记录整改结果。

第二十三条

【办法原文】

> **第二十三条　监管人员应当根据量化评价结果,填写《食品生产经营者风险等级确定表》(以下简称为《风险等级确定表》,见附件3)。**

【内容概述】

本条提出了《食品生产经营者风险等级确定表》的填写方法。

【条文释义】

在确定了食品生产经营者静态风险因素量化分值及动态风险因素素量化分值后,应按照本条规定确定食品生产经营者风险等级。本办法附件3规定了《食品生产经营者风险等级确定表》的相关要素,核心内容是根据食品生产经营者静态风险因素量化分值、动态风险因素素量化分值确定基本风险等级,及本办法第二十七条、二十八条、二十九条、三十条的规定调整或不调整风险等级,确定下一年度的风险等级及监管频次。

对于一个监管年度内对食品生产经营者进行多次全项目监督检查的,在计算食品生产经营者动态风险因素素量化分值时以最后一次的分值为准,也可用取各次量化分值的平均分。原则上对食品生产经营者的风险等级每年在规定时间一年确定一次,但如何通过各种信息渠道已经发现其存在较大风险的,应加强对其监督检查,提高监督检查频次。

第二十四条

【办法原文】

第二十四条　评定新开办食品生产经营者的风险等级,可以按照食品生产经营者的静态风险分值确定。

食品生产者风险等级的评定还可以按照《食品、食品添加剂生产许可现场核查评分记录表》确定。

【内容概述】

本条提出了新开办食品生产经营者的风险等级的确定方法。

【条文释义】

为了提高风险分级评定的灵活性，避免重复劳务，根据新开办食品生产经营者的实际情况，办法提出了风险等级的确定方法。由于新开办食品生产经营者还没有真正运行起来，因此不适合采用《日常监督检查要点表》的内容对其开展动态风险评价。因此办法中提出了两种评定方法。

一是按照食品生产经营者的静态风险分值确定风险等级。例如对于新开办食品生产企业，其静态风险分值为其所生产食品种类的分值，根据静态分值的高低，在办法第九条提出食品生产经营静态风险因素按照量化分值划分为Ⅰ档、Ⅱ档、Ⅲ档和Ⅳ档，每一档的分数范围为：0－15（含）分为Ⅰ档；15－20（含）分为Ⅱ档；20－25（含）分为Ⅲ档；25－40分为Ⅳ档。对于新开办食品生产企业，Ⅰ档、Ⅱ档、Ⅲ档和Ⅳ档可直接对应于A级风险、B级风险、C级风险、D级风险四个等级，从而确定出新开办食品生产企业的风险等级。

二是结合食品生产许可现场核查评价结果。各地在实际操作中可以按照《食品、食品添加剂生产许可现场核查评分记录表》的扣分值折算为60分，折算后的分数作为动态风险分值。食品生产企业静态风险分值加上折算后得到的动态风险分值，即为食品生产企业风险分值，从而确定出新开办食品生产企业的风险等级。

第二十五条

【办法原文】

> **第二十五条　餐饮服务提供者风险等级评定结果可以作为量化分级调整的依据，具体办法由省级食品药品监督管理部门制定。**

【内容概述】

本条规定了餐饮服务提供者风险等级评定结果可以作为量化分级调整的依据及调整的具体办法制定部门。

【条文释义】

在本办法规定的食品生产经营风险分级管理中餐饮企业风险分级之前,原餐饮服务实施了量化分级管理。为保持两种制度的有机统一,不增加基层监管部门负担,同时保持餐饮服务量化分级管理制度优点,本条规定了二者衔接的基本原则,即风险分级作为量化分级的依据。考虑到全国各地餐饮业差距很大,所以本办法未规定具体的衔接方法,只规定了基本原则,同时规定具体办法由省级食品药品监督管理部门制定,以使两个制度衔接时更符合各地实际、更有特色。

第二十六条

【办法原文】

第二十六条　食品药品监督管理部门应当及时将食品生产经营者风险等级评定结果记入食品安全信用档案,并根据风险等级合理确定日常监督检查频次,实施动态调整。

鼓励食品药品监督管理部门采用信息化方式开展风险分级管理工作。

【内容概述】

本条提出了食品生产经营风险管理制度与食品安全信用监管制度的衔接,同时还提出了关于鼓励促进各地运用信息化手段的开展食品生产经营风险分级管理工作的建议。

【条文释义】

(一)关于与信用档案的衔接

根据食品药品监管总局《食品安全信用信息管理办法》,食品安全信用信息,是指食品药品监督管理部门在依法履行职责过程中制作或者获取的反映食品生产经营者食品安全信用状况的数据、资料等信息。食品安全信用信息包括食品生产经营者基础信息、行政许可信息、检查信息、食品监督抽检信息、行政处罚信息等。

本条款所提出的食品生产经营者风险等级评定结果，可以作为食品生产经营者基础信息记录信用档案。

（二）确定监督检查频次及动态调整

根据风险等级合理确定日常监督检查频次将在三十二条中解读。实施动态调整包含两层含义：一是每年度在规定时间内进行调整以确定下一年度的风险等级及监管频次，这种调整一年一次，作为年度统计数据使用。二是当发现食品生产经营者存在较大风险时，应当动态调整监督检查频次，加强对该类生产经营者的监督检查，消除其存在的食品安全风险，但这种调整只适用于加强监督检查，不适用于年度风险等级统计数据。

（三）关于利用信息化手段

机关信息化建设是提高办事效率、增强服务能力的根本途径。当前，全国各地都在积极响应李克强总理的号召，开展"互联网＋"活动，各行各业都在充分利用互联网技术的快捷、便利特点，打造、建立自己的业务平台，政府部门适应机关服务能力提升的需要，建立了诸如金质工程、金盾工程等网络信息平台。

食品药品监督管理部门在2013年机构改革后，也正在加快系统信息化建设。目前，各级食品药品监督管理部门都建立了自己的网站，部分地区还建立了食品药品监督管理平台。食品生产经营风险分级管理作为重要的食品监管制度，应将纳入整个食品药品监管信息化系统，构建各业务信息系统或模块之间的数据交换和共享标准，避免形成信息孤岛。

建议各级食品药品监督管理部门加强信息化建设，建立辖区内食品生产经营者的分类系统及数据平台，记录、汇总、分析食品生产经营风险分级信息，实行信息化管理。

第二十七条

【办法原文】

> 第二十七条　食品药品监督管理部门根据当年食品生产经营者日常监督检查、监督抽检、违法行为查处、食品安全事故应对、不安全食品召回等食品安全监督管理记录情况,对行政区域内的食品生产经营者的下一年度风险等级进行动态调整。

【内容概述】

本条规定了食品生产经营者监督管理记录的内容构成,及监督管理记录的使用要求。

【条文释义】

(一)日常监督检查信息

其是指按照《食品生产经营日常监督检查管理办法》和《日常监督检查要点表》的有关要求,对企业实施的日常监督检查。该检查可以作为食品生产经营者下一年度风险等级进行动态调整的因素。日常监督检查过程中故意违反食品安全法律法规,且对其实施罚款的应作为重点内容纳入监督管理记录。

(二)监督抽检结果

其是指各级食品药品监督管理部门在实施食品安全监督抽检工作中得到的食品是否合格的信息。在各级食品安全监督抽检工作中,发现企业出现不符合食品安全标准的,应作为重点内容纳入监督管理记录。

(三)违法行为查处

违法行为查处是指各级食品药品监督管理部门对企业出现的违反法律法规和食品安全标准行为进行查处的结果。《食品安全法》、《食品生产许可管理办法》、《食品经营许可管理办法》、《食品生产经营日常监督检查管理办法》、《食品召回管理办法》、《食品安全抽样检验管理办法》、《保健食品注册与备案管理办法》等法律法规中均有对企业法律责任的要求和处罚要求。根据法律法规相关规定，对食品生产经营者违法行为的查处结果应作为重点内容纳入监督管理记录。

（四）食品安全事故应对

根据《食品安全法》第七章有关食品安全事故处置的要求，食品生产经营企业应当制定食品安全事故处置方案，定期检查本企业各项食品安全防范措施的落实情况，及时消除事故隐患。发生食品安全事故的单位应当立即采取措施，防止事故扩大。事故单位和接收病人进行治疗的单位应当及时向事故发生地县级人民政府食品药品监督管理、卫生行政部门报告。任何单位和个人不得对食品安全事故隐瞒、谎报、缓报，不得隐匿、伪造、毁灭有关证据。任何单位和个人不得阻挠、干涉食品安全事故的调查处理。

食品生产经营者食品安全事故的发生、应对情况应作为重点内容纳入监督管理记录。

（五）不安全食品召回

根据食品药品监管总局《食品召回管理办法》，食品生产经营者应当依法承担食品安全第一责任人的义务，建立健全相关管理制度，收集、分析食品安全信息，依法履行不安全食品的停止生产经营、召回和处置义务。对于食品生产经营者违反有关不安全食品停止生产经营、召回和处置的规定的，应作为重点内容纳入监督管理记录。

（六）其他可以纳入监督管理记录的信息

除以上五类可以纳入监督管理记录的信息外，各地可以根据实际情况将与企业食品安全主体责任落实情况有关的信息纳入监督管理记录，如消费者投诉举报信息、媒体曝光信息、社会组织监督信息等。

（七）关于对食品生产经营者的下一年度风险等级的动态调整

参见第二十三条和第二十六条的解释。

第二十八条

【办法原文】

第二十八条　存在下列情形之一的,下一年度生产经营者风险等级可视情况调高一个或者两个等级:

(一)故意违反食品安全法律法规,且受到罚款、没收违法所得(非法财物)、责令停产停业等行政处罚的;

(二)有1次及以上国家或者省级监督抽检不符合食品安全标准的;

(三)违反食品安全法律法规规定,造成不良社会影响的;

(四)发生食品安全事故的;

(五)不按规定进行产品召回或者停止生产经营的;

(六)拒绝、逃避、阻挠执法人员进行监督检查,或者拒不配合执法人员依法进行案件调查的;

(七)具有法律、法规、规章和省级食品药品监督管理部门规定的其他可以上调风险等级的情形。

【内容概述】

本条明确了生产经营者风险等级调高的情形。

【条文释义】

(一)故意违反食品安全法律法规,且受到罚款、没收违法所得(非法财物)、责令停产停业等行政处罚的

其是指各级食品药品监督管理部门对企业出现的违反法律法规和标准行为进行查处的结果。《食品安全法》、《食品生产许可管理办法》、《食品经营许可管理办法》、《食品生产经营日常监督检查管理办法》、《食品召回管理办法》、《食品安全抽样检验管理办法》、《保健食品注册与备案管理办法》等法律法规中均有对企业法律责任的要求和处罚要求。

如果企业在当年出现了上述情形的,可视情节严重调高1至2个风险等级。

（二）有1次及以上国家或者省级监督抽检不符合食品安全标准的

国家或者省级监督抽检是指由食品药品监管总局负责组织开展全国性食品安全监督抽检工作和省级食品药品监督管理部门组织的省内食品安全监督抽检工作，也包括市县级食品药品监督管理部门按照规定实施国家或省级食品药品监督管理部门组织的食品安全监督抽检工作。

不符合食品安全标准是指不符合食品安全国家标准、地方标准和标明的企业标准。各地应利用信息化手段广泛收集整理食品药品监管总局、本地和外地公布的监督抽检结果，掌握与所辖范围内食品生产经营相关的监督抽检信息。

如果企业在当年出现了上述情形的，可根据不符合食品安全标准的次数调高1至2个风险等级。

（三）违反食品安全法律法规规定，造成不良社会影响的

其是指由于企业违反食品安全法律法规或标准的要求，引起了社会舆论的广泛关注且造成不良的社会影响。

（四）发生食品安全事故的

根据《食品安全法》的相关定义，食品安全事故，指食源性疾病、食品污染等源于食品，对人体健康有危害或者可能有危害的事故。其中，食源性疾病指食品中致病因素进入人体引起的感染性、中毒性等疾病，包括食物中毒。

1. 食品安全事故概念的变化

1996年《食品卫生法》主要采用了食物中毒的概念。原国家卫生部1994国家标准《食物中毒标准及技术处理总则》（GB 14938－94）界定了食物中毒的概念："指摄入了含有生物性、化学性有毒有害物质的食品或把有毒有害物质当作食品摄入后出现的非传染性急性，亚急性疾病。"这是食物中毒的法定解释。我国加入世界贸易组织（WTO）以后，为适应与国际接轨的需要，食物中毒的概念逐渐向食源性疾病的概念转移。《食品安全法》未直接使用食物中毒的概念，采用了比食物中毒范围更广的食品安全事故概念。这不仅体现了观察问题的角度不同，也反映在立法理念上的不同。对食品安全问题，不再仅局限于急性或亚急性的食物中毒，对因食物引起的食源性疾病、食品污染事件同样予以规范。

2. 食品安全事故的分级

食品安全事故属于突发公共事件范畴。根据国务院2006年公布的《国家突发公共事件总体应急预案》，突发公共事件是指突然发生，紧急事件。根据突发公共事件的发生过程、性质和机理，突发公共事件主要分为自然灾害、事故灾难、公共卫生事件和社会安全事件。其中，公共卫生事件主要包括传染病疫情，群体性不明原因疾病，食品安全和职业危害，动物疫情，以及其他严重影响公众健康和生命安全的事件。各类突发公共事件按照其性质、严重程度、可控性和影响范围等因素，一般分为四级：Ⅰ级(特别重大)、Ⅱ级(重大)、Ⅲ级(较大)和Ⅳ级(一般)。

根据2006年国务院颁布的《国家重大食品安全事故应急预案》，食品安全事故指食物中毒、食源性疾病、食品污染等源于食品，对人体健康有危害或者可能有危害的事故。食品安全事故共分四级，即特别重大食品安全事故、重大食品安全事故、较大食品安全事故和一般食品安全事故。事故等级的评估核定，由卫生行政部门会同有关部门依照有关规定进行。

3. 食品安全事故信息的来源

食品安全事故信息的来源包括：

(1)食品安全事故发生单位与引发食品安全事故食品的生产经营单位报告的信息；

(2)医疗机构报告的信息；

(3)食品安全相关技术机构监测和分析结果；

(4)经核实的公众举报信息；

(5)经核实的媒体披露与报道信息；

(6)世界卫生组织等国际机构、其他国家和地区通报我国信息。

4. 食品安全事故信息的获取

食品生产经营者、发生群体性健康损害的单位、接收食品安全事故病人治疗的单位以及食品安全相关技术机构、有关社会团体及个人发现食品安全事故的，应及时向卫生行政部门和食品药品监督管理部门报告。其具体包括：

（1）食品生产经营者发现其生产经营的食品造成或者可能造成公众健康损害的情况和信息，应当在2小时内向所在地县级卫生行政部门和负责本单位食品安全监管工作的有关部门报告。

（2）发生可能与食品有关的急性群体性健康损害的单位，应当在2小时内向所在地县级卫生行政部门和有关监管部门报告。

（3）接收食品安全事故病人治疗的单位，应当按照卫生部有关规定及时向所在地县级卫生行政部门和有关监管部门报告。

（4）食品安全相关技术机构、有关社会团体及个人发现食品安全事故相关情况，应当及时向县级卫生行政部门和有关监管部门报告或举报。

（5）有关监管部门发现食品安全事故或接到食品安全事故报告或举报，应当立即通报同级卫生行政部门和其他有关部门，经初步核实后，要继续收集相关信息，并及时将有关情况进一步向卫生行政部门和其他有关监管部门通报。

（6）经初步核实为食品安全事故且需要启动应急响应的，卫生行政部门应当按规定向本级人民政府及上级人民政府卫生行政部门报告；必要时，可直接向卫生部报告。

5. 食品安全事故在分级工作中的应用

食品生产经营者发生食品安全事故的，表明其食品生产控制出现了重大漏洞，属于加严加密监管范围。因此，本办法第二十八条规定，发生食品安全事故的，下一年度生产经营者风险等级可视情况调高一个或两个等级。

在具体实施过程中，食品药品监督管理部门可根据食品安全事故的严重程度，调高食品生产企业风险等级，事故严重的，应加严监管。

（五）不按规定进行产品召回或者停止生产经营的

为落实食品生产经营者食品安全第一责任，强化食品安全监管，保障公众身体健康和生命安全，食品药品监管总局颁布了《食品召回管理办法》。根据《食品召回管理办法》第三条的要求，食品生产经营者应当依法承担食品安全第一责任人的义务，建立健全相关管理制度，收集、分析食品安全信息，依法履行不安全食品的停止生产经营、召回和处置义务。

1. 停止生产经营的要求

食品生产经营者发现其生产经营的食品属于不安全食品的,应当立即停止生产经营,采取通知或者公告的方式告知相关食品生产经营者停止生产经营、消费者停止食用,并采取必要的措施防控食品安全风险。食品生产经营者未依法停止生产经营不安全食品的,县级以上食品药品监督管理部门可以责令其停止生产经营不安全食品。

食品集中交易市场的开办者、食品经营柜台的出租者、食品展销会的举办者发现食品经营者经营的食品属于不安全食品的,应当及时采取有效措施,确保相关经营者停止经营不安全食品。网络食品交易第三方平台提供者发现网络食品经营者经营的食品属于不安全食品的,应当依法采取停止网络交易平台服务等措施,确保网络食品经营者停止经营不安全食品。

食品生产经营者生产经营的不安全食品未销售给消费者,尚处于其他生产经营者控制中的,食品生产经营者应当立即追回不安全食品,并采取必要措施消除风险。

2. 召回的要求

(1)主动召回

食品生产者通过自检自查、公众投诉举报、经营者和食品药品监督管理部门告知等方式知悉其生产经营的食品属于不安全食品的,应当主动召回。食品生产者应当主动召回不安全食品而没有主动召回的,县级以上食品药品监督管理部门可以责令其召回。

(2)主动公告和报告

食品生产经营者应当在省级以上食品药品监督管理部门网站和主要媒体上发布不安全食品召回公告。首先,不安全食品存在较大食品安全风险的,食品生产经营者应当在停止生产经营、召回和处置不安全食品结束后5个工作日内向食品药品监督管理部门书面报告。其次是规范信息记录。食品生产经营者应当如实记录停止生产经营、召回和处置不安全食品的名称、商标、规格、生产日期、批次、数量等内容。记录保存期限不得少于2年。

(3)按召回级别实施召回

一级召回是食用后已经或者可能导致严重健康损害甚至死亡的,应当在知悉食品安全风险后24小时内启动，并在10个工作日内完成；二级召回是食用后已经或者可能导致一般健康损害的应当在知悉食品安全风险后48小时内启动，在20个工作日内完成；三级召回是对标签、标识存在虚假标注的食品，应当在知悉相关食品安全风险后72小时内启动，在30个工作日内完成。对违法添加非食用物质、腐败变质、病死畜禽等严重危害人体健康和生命安全的不安全食品，应当立即就地销毁。

对于不按规定进行产品召回或者停止生产经营的食品生产经营者，食品药品监督管理部门可根据严重程度，视情况调高食品生产企业下一年度风险等级。

（六）拒绝、逃避、阻挠执法人员进行监督检查，或者拒不配合执法人员依法进行案件调查的

根据《食品生产经营日常监督检查管理办法》的要求，“拒绝逃避、阻挠执法人员进行监督检查或者拒不配合执法人员依法进行案件调查的”主要表现在：

1. 拒绝、拖延、限制监督检查人员进入被检查场所或者区域的，或者限制检查时间的；

2. 拒绝或者限制抽取样品、录像、拍照和复印等调查取证工作的；

3. 无正当理由不提供或者延迟提供与检查相关的合同、记录、票据、账簿、电子数据等材料的；

4. 声称主要负责人、主管人员或者相关工作人员不在岗，或者故意以停止生产经营等方式欺骗、误导、逃避检查的；

5. 以暴力、威胁等方法阻碍监督检查人员依法履行职责的；

6. 隐藏、转移、变卖、损毁监督检查人员依法查封、扣押的财物的；

7. 伪造、隐匿、毁灭证据或者提供虚假证言的；

8. 其他妨碍监督检查人员履行职责的。

（七）具有法律、法规、规章和省级食品药品监督管理部门规定的其他可以上调风险等级的情形

各地可以根据实际情况制定本省上调风险等级的情形。

第二十九条

【办法原文】

第二十九条　食品生产经营者遵守食品安全法律法规,当年食品安全监督管理记录中未出现本办法第二十八条所列情形的,下一年度食品生产经营者风险等级可不作调整。

【内容概述】

本条规定了食品生产经营者风险等级可不作调整的情形。

【条文释义】

本条款限于以一年为周期进行评定。具体可参见第二十八条释义。

第三十条

【办法原文】

第三十条　食品生产经营者符合下列情形之一的,下一年度食品生产经营者风险等级可以调低一个等级:

(一)连续3年食品安全监督管理记录没有违反本办法第二十八条所列情形的;

(二)获得良好生产规范、危害分析与关键控制点体系认证(特殊医学用途配方食品、婴幼儿配方乳粉企业除外)的;

(三)获得地市级以上人民政府质量奖的;

(四)具有法律、法规、规章和省级食品药品监督管理部门规定的其他可以下调风险等级的情形。

【内容概述】

本条规定了调低食品生产经营者风险等级的情形。

【条文释义】

(一)连续3年食品安全监督管理记录没有违反本办法第二十八条所列情形的

具体可参见第二十八条释义。

(二)获得良好生产规范、危害分析与关键控制点体系认证(特殊医学用途配方食品、婴幼儿配方乳粉企业除外)的

1. 关于良好生产规范

良好生产规范(Good Manufacturing Practice, GMP),又称良好操作规范,是为保证食品质量而制定的贯穿于食品生产过程的一系列方法、技术要求和监控措施。GMP要求食品生产企业应具备良好的生产设备、科学、合理的生产过程、完善的质量管理和严格的检测系统、高水平的人员素质、严格的管理体系和制度等。

在食品生产经营企业中推广良好生产规范,可为食品生产提供一套必须遵循的组合标准,使食品生产企业对原料、辅料、包装材料的要求更为严格,有助于食品生产企业采用新技术、新设备,从而保证提高食品安全、保障消费者与生产者的权益、强化食品生产经营主体责任、促进食品工业的健全发展。

2. 关于危害分析和关键控制点体系

危害分析和关键控制点体系(Hazard Analysis Critical Control Point, HACCP)是指对食品加工,运输以及销售整个过程中的各种危害进行分析和控制,从而保证食品达到安全水平。它是一个以预防食品安全为基础的食品生产、质量控制的保证体系,是一个连续的、系统的食品安全预防和控制方法。该体系的核心是用来保护食品从田间到餐桌的整个过程免受危害。HACCP管理体系与重点放在监督检查和对生产成品进行检测的传统管理方法的最大区别是:一是使食品生产对最终产品的检验转化为控制生产环节中的潜在危害,将预防和控制的重点前移,即检验是否有不合格产品转化为预防不合格产品;二是节约检测成本,在危害发生之前即控制预防,不必在最终产品上花费大量的人、财、物。

我国鼓励食品生产经营企业符合良好生产规范要求,实施危害分析与关键控制点体系,提高食品安全管理水平。但是对于特殊医学用途配方食品、婴幼儿配方乳粉企业确是强制要求。

因此,普通预包装食品如何符合良好生产规范要求,实施危害分析与关键控制点体系,可以将下一年度风险等级调低一个等级,但是该认证只能在获得的当年使用一次。

(三)获得地市级以上人民政府质量奖的

政府质量奖是各地实施的政府质量奖励制度,是政府加强宏观质量引导,推广先进质量管理方法,树立质量标杆,切实提升质量水平和国际竞争力的重要手段。目前我国国家层面和多个省份和地区设立了政府质量奖,有的地方称为省长质量奖。

如果企业获得了地市级以上人民政府质量奖的,可以调低一个风险等级。

(四)具有法律、法规、规章和省级食品药品监督管理部门规定的其他可以下调风险等级的情形

各地可以根据实际情况制定本省下调风险等级的情形。

第四章　结 果 运 用

第三十一条

【办法原文】

> 第三十一条　食品药品监督管理部门根据食品生产经营者风险等级，结合当地监管资源和监管水平，合理确定企业的监督检查频次、监督检查内容、监督检查方式以及其他管理措施，作为制订年度监督检查计划的依据。

【内容概述】

本条从整体上规定了食品生产经营者风险等级的结果运用要求。

【条文释义】

（一）如何结合当地监管资源和监管水平

1. 对当地监管资源和监管水平要进行科学评估

实施风险分级管理的目标是优化监管资源和监管能力，对食品生产经营主体实施更加科学有效的监管。对于各地食品安全监管部门，所面临的问题就是“辖区范围内食品安全监管资源有多少？监管人员的能力如何？”

开展监管资源的评估，应重点考察开展监管所需要的人员数量、检查装备配备情况、交通工具的配备等情况。考察监管人员的能力，则应重点考察监管人员的基本素质、专业知识和实践经验。

只有系统掌握了当地监管资源和监管能力，才能根据现实情况实施不同程度的监督管理。

2. 基于分级管理不断提高当地监管资源和监管水平

汪洋副总理对食品药品监管工作提出“四有两责”的要求。四有即有责、有岗、有人、有手段,两责即监管职责和检验职责。通过风险分级管理确定监督管理批次落实了“有责、有岗”的要求,而基于责和岗就必须要“有人”。基于风险分级结果科学制定监督检查计划,是食品药品监督管理部门落实监管职责的重要途径。各地可根据年度监督检查计划,积极争取监管资源的配备,提高监管水平,确保年度监督检查计划有人、有资源、有能力来实现。

3. 正确认识风险分级管理与日常监督检查的关系

风险分级管理与日常监督检查密不可分。一是基于风险分级结果指导日常监督检查工作,确定每年对企业日常监督检查的次数;二是通过日常监督检查结果所反馈的监督管理记录,调整下一年度风险等级,从而进一步指导下一年度日常监督检查工作。

市、县级食品药品监督管理部门按照《办法》的规定确定对辖区食品生产经营企业的监督检查频次,并将其列入年度日常监督检查计划。日常监督检查结果又影响到食品生产经营者风险等级的动态调整。风险分级管理和日常监督检查两项制度相互影响、相互促进,对于加强食品安全监管具有重要作用。

(二)合理确定企业的监督检查频次

习近平总书记对食品安全工作作出重要指示强调:要切实加强食品药品安全监管,用最严谨的标准、最严格的监管、最严厉的处罚、最严肃的问责,加快建立科学完善的食品药品安全治理体系,坚持产管并重,严把从农田到餐桌、从实验室到医院的每一道防线。

基于科学的风险分级方法,确定食品生产经营企业风险等级,并基于风险等级合理确定监督检查频次,这是落实总书记“四个最要”指示的重要手段,同时对不同风险对象实施不同频次的监管,采用“风险杠杆”解决监管资源短缺与监管对象众多之间的矛盾,是社会治理方法的重要突破,是构建科学完善的食品药品安全治理体系不可或缺的组成部分。

各地可以根据实际情况合理确定企业的监督检查频次。一是要满足最低要求,即每年每家企业监督检查1次;二是采用最优化方法,确定合理的、能够实现的监督检查频次,要符合当地监管资源和监管水平。建议采用统计学上常用的最优化方法,利用数学方法研究各种监督检查系统的优化途径及方案,求得一个合理运用人力、物力和财力的最佳方案,发挥和提高监督检查工作的效能及效益。

(三)合理确定监督检查内容

建议根据《食品生产经营日常监督检查管理办法》有关要求,在确定监督检查频次的基础上,根据每个企业风险点的不同,合理确定每次监督检查的内容,包括上次问题的复查、重点项和一般项的规划等。

(四)合理确定监督检查方式

按照《国务院办公厅关于推广随机抽查规范事中事后监管的通知》(国办发〔2015〕58号)要求,《食品生产经营日常监督检查管理办法》要求对食品生产经营者实行"双随机"日常监督检查,即随机抽取被检查企业、随机选派检查人员。一是在网格化监管和监管全覆盖的基础上,开展"双随机"检查。即市、县级食品药品监督管理部门开展日常监督检查,在全面覆盖的基础上,可以在本行政区域内随机选取食品生产经营者、随机选派监督检查人员实施异地检查、交叉互查,监督检查人员应当由食品药品监督管理部门随机选派。二是检查项目应当按照《食品生产经营日常监督检查要点表》执行,每次监督检查可以随机抽取日常监督检查要点表中的部分内容进行检查。同时要求,每年开展的监督检查原则上应当覆盖全部项目。每次监督检查的内容应当在实施检查前由食品药品监督管理部门予以明确,检查人员开展检查时不得随意更改检查事项。三是检查中可以对生产经营的产品随机进行抽样检验。

在食品生产经营风险分级管理工作中,建议根据《食品生产经营日常监督检查管理办法》有关要求,实施基于风险等级的监督检查,一是对于风险等级不同的食品生产企业,可以按照不同的抽取比例随机选取监督检查对象,全年对食品生产企业的监督检查频次要符合监管频次的要求;二是对企业开展多次监督检查时,应合理规划每次监督检查的内容,在满足《食品生产经营日常监督检查管理办法》及配套监督检查要点表要求的基础上,对于高风险食品生产企业可以适当增加检查内容和检查项目。

应相同实施不同频次的监督检查中,根据每个企业风险点的不同,基于风险等级采取合适的双随机方法。

(五)合理确定其他管理措施

各地可以根据实际情况增加其他管理措施,如约谈等。

(六)年度监督检查计划

市、县级食品药品监督管理部门应当按照市、县人民政府食品安全年度监督管理计划。食品药品监督管理部门根据食品生产经营者风险等级,所确定的企业监督检查频次、监督检查内容、监督检查方式以及其他管理措施,作为制订年度监督检查计划的依据。

第三十二条

【办法原文】

第三十二条　食品药品监督管理部门应当根据食品生产经营者风险等级划分结果,对较高风险生产经营者的监管优先于较低风险生产经营者的监管,实现监管资源的科学配置和有效利用。

(一)对风险等级为 A 级风险的食品生产经营者,原则上每年至少监督检查 1 次;

(二)对风险等级为 B 级风险的食品生产经营者,原则上每年至少监督检查 1—2 次;

(三)对风险等级为 C 级风险的食品生产经营者,原则上每年至少监督检查 2—3 次;

(四)对风险等级为 D 级风险的食品生产经营者,原则上每年至少监督检查 3—4 次。

具体检查频次和监管重点由各省食品药品监督管理部门确定。

【内容概述】

本条规定了基于风险等级实施不同频次监管的要求。

【条文释义】

（一）如何理解条款中监督检查频次

1. 推荐性的。本条款中提出的监督检查频次是原则上的要求，其底线是每年每家企业监督检查一次。各地食品药品监督管理部门应当根据食品生产经营者风险等级划分结果，按照上述频次要求或者适当提高监管频次，对不同风险等级的企业实施监管。

2. 有递进关系的。各地制定监管频次要求时，一定要基于风险等级结果，对较高风险生产经营者的监管优先于较低风险生产经营者的监管，监管频次上体现出递进关系，这样才能更好分配监管资源。

（二）省级食品药品监督管理部门的主导地位

我国不同地区之间食品生产经营情况和监管资源配备情况差异较大。为便于使食品生产经营分级管理工作落地，《办法》针对地域对食品风险影响程度的不同，就实际操作性、地域差异性、运行自主性等方面给予地方充分的自主权，允许省级食品药品监管部门可根据实际风险特征和区域食品特点自行合理调整静态风险指标，自行确定具体检查频次和监管重点。

（三）监督检查频次的设定

1. 总体要求

《食品生产经营日常监督检查管理办法》规定市、县级食品药品监督管理部门应当按照市、县人民政府食品安全年度监督管理计划，根据食品类别、企业规模、管理水平、食品安全状况、信用档案记录等因素，编制年度日常监督检查计划。同时，在网格化监管和监管全覆盖的基础上，开展“双随机”检查。市、县级食品药品监督管理部门应当按照本办法的规定确定对辖区食品生产经营企业的监督检查频次，并将其列入年度日常监督检查计划。确定监督检查频次后，食品药品监督管理部门对每家企业的检查频次每年不得少于计划数。

2. 监督检查频次确定的过程

（1）各地现行监督检查频次有差异

在本办法研究制定过程中，食品药品监管总局组织在甘肃、福建、宁夏、广西等地开展风险分级监管试点工作,同时多次召开各地风险分级工作座谈会,了解各地基于风险等级实施监管工作的情况。

通过试点结和调研的结果分析,各地在监督管理频次的设定上有较大差距。在监管力量相对较强、监管对象相对较少以及监管区域相对较小的地区,对于高风险食品生产企业,可以实现每月监督检查一次,即全年 12 次监督检查,对于风险较低的食品生产企业,监督检查频次也能达到每季度一次,即每年 4 次。而在产业集中、监管区域较大的地区,就实现不了高频次的覆盖。如果对监管频次要求过高,往往容易造成日后追责的后果。因此难以用强制性的监管频次要求对各地日常监督检查工作进行要求。

(2)全国日常监督检查次数测算

在本办法研究制定过程中,对全国食品、食品添加剂生产经营者监督检查工作量进行过测算。截至 2015 年 11 月底,我国食品、食品添加剂生产经营企业共计 1181 万,食品药品监管人员总计 26.6 万人。对食品生产经营者实施的监管措施包括:生产许可、日常监督检查、行政执法、责任约谈等。

对于日常监督检查工作,以每年有 100 个工作日(非专职检查人员)时间投入日常监督检查工作,平均需要 0.5 天时间对每家食品生产经营者进行日常监督检查(路途时间和实际检查时间,生产企业所需时间可能稍长,销售和餐饮可能稍短)进行测算,理论上全国 26.6 万食品药品监管人员每年可以检查食品生产经营者 2660 万次:

$$\frac{26.6\ \text{万人}}{2\ \text{人/次}} \times 2\ \text{家/天} \times 100\ \text{天} = 2660\ \text{万次(理论监督检查次数)}$$

平均每家食品生产经营者监督检查约 2.2 次(2660 万次/1181 家),因此从全国平均水平来看,对食品生产经营者每年监督检查频次基本可以达到 2 – 3 次。

(3)基于分级结果测算监督检查次数

在本办法研究制定过程中,食品药品监管总局组织在甘肃、福建、宁夏等地区开展了风险分级管理试点,对于食品生产企业在 A、B、C、D 4 个等级的分布进行了研究,基本符合正态分布规律。如下表所示:

风险等级	家数	企业数量所占比例
A	72	11.9%
B	299	49.3%
C	191	31.5%
D	45	7.4%

注:由于数据修约,比例之和可能不等于100%。

基于以上企业数量所占比例对全国1181万家食品生产经营企业进行日常监督检查数量测算。1181万家食品生产经营企业按照风险等级划分后结果计算,全年需要对1181万家开展2776万次日常监督检查。具体计算见下表:

风险等级	食品生产经营者数量(万家)	企业数量所占比例	各风险等级企业数量(万)	每年监督检查频次	各风险等级企业检查次数	所有企业日常监督检查次数总和
A	1181	11.9%	140	1	140	2776万次(测算监督检查次数)
B		49.3%	581	2	1162	
C		31.5%	372	3	1116	
D		7.4%	87	4	348	

注:由于数据修约,各列之和可能不等于100%。

测算得出的监督检查次数(2776万次)与理论监督检查次数(2660万次)偏差小于5%,基本相符。

因此,在本办法中提出了原则上的要求,即:

对风险等级为A级风险的食品生产经营者,原则上每年至少监督检查1次;

对风险等级为B级风险的食品生产经营者,原则上每年至少监督检查1－2次;

对风险等级为C级风险的食品生产经营者,原则上每年至少监督检查2－3次;

对风险等级为D级风险的食品生产经营者,原则上每年至少监督检查3－4次。

具体检查频次和监管重点由各省级食品药品监督管理部门确定。

第三十三条

【办法原文】

> **第三十三条　市县级食品药品监督管理部门应当统计分析行政区域内食品生产经营者风险分级结果,确定监管重点区域、重点行业、重点企业。及时排查食品安全风险隐患,在监督检查、监督抽检和风险监测中确定重点企业及产品。**

【内容概述】

本条规定了市县级食品药品监督管理部门如何运用食品生产经营者风险分级结果。

【条文释义】

(一)市县级食品药品监督管理部门是执行的主体

根据本办法对国家、省级以及市县级食品药品监督管理部门的职责分工,食品生产经营风险分级工作的实施主体为市县级食品药品监督管理部门。

1. 市县级食品药品监督管理部门应根据各省静态风险目录实施分级工作

在本办法中,食品药品监管总局制定了国家层面食品生产企业静态风险因素量化分值表,各省可以根据当地实际情况对其进行调整或补充,形成各省食品生产企业静态风险因素量化分值表。市县级食品药品监督管理部门应根据本省制定的食品生产企业静态风险因素量化分值表确定辖区内食品生产企业的静态风险分值。对于本市县所特有的地方特色食品,应及时向省级食品药品监督管理部门反馈,纳入本省食品生产企业静态风险因素量化分值。

2. 市县级食品药品监督管理部门应对食品生产企业开展动态风险评价

市县级食品药品监督管理部门应按照本办法第二十一条的规定,对辖区内食品生产企业开展动态风险评价。具体评价方法参见第二十一条释义。

3. 市县级食品药品监督管理部门应掌握食品生产企业监督管理记录

食品生产企业监督管理记录作为食品安全信用信息管理的重要组成部分,各地应当遵循属地管理、权责统一、全面覆盖、信息共享、动态更新、准确及时、公开便民的原则。根据《食品安全信用信息管理办法》的要求,县级以上地方食品药品监督管理部门负责行政区域内取得食品生产经营许可证的生产经营者信用信息的采集和管理工作,建立食品生产经营者食品安全信用信息数据库,并向上级食品安全信用信息管理系统提供信息。

市县级食品药品监督管理部门应积极获取辖区内食品生产企业年度监督管理记录。食品生产企业监督管理记录包括:日常监督检查信息、监督抽检结果、违法查处信息、食品安全事故应对、不安全食品召回以及其他可以纳入监督管理记录的信息。

4. 市县级食品药品监督管理部门应根据风险等级制定监督检查计划

市县级食品药品监督管理部门应根据风险等级制定监督检查计划,制定监督检查计划应量化、可操作,要充分分析辖区内监管对象的基本情况(如数量、行业分布、地区分布等),掌握辖区内监管对象的主要特征(主体责任落实状况、风险隐患整改情况、召回和事故处置情况等),同时,还要做好监管频次与工作量的测算,掌握年度日常监督检查总次数、监督检查内容以及监督检查人员分配,确保每家企业每次检查责任落实到人。

(二)统计分析方法与监管重点的确定

统计分析方法作为一种强有力的定量分析方法,已经在社会、经济、政治、生活等领域得到了广泛的应用,其作用也日益重要。在食品生产经营风险分级管理工作中,可以灵活运用各种统计分析方法,对风险等级、企业分布、风险隐患分布等进行统计和分析。具体分析角度可以包括:

1. 年度监督检查次数统计分析

即按照监督检查频次设定值,对每家企业监督检查次数进行计算,并统计全年监督检查总次数,得出年度监督检查次数。将每年监督检查人员数量与年度监督检查次数进行分析,可以掌握全年监督检查工作负荷。

2. 以静态风险为变量进行分析

可以静态风险为变量,统计分析每类食品生产企业静态风险所属等级与企业风险等级的对应关系——企业静态风险等级低而企业风险等级升高的,应作为重点监督管理企业。同时,以静态风险为变量,可以掌握每类食品行业的风险特征。

3. 以动态风险为变量进行分析

可以动态风险为变量,统计分类每类监督检查项目或者具体每个监督检查项目的风险分值。动态风险集中的,或者存在普遍不符合情况的监督检查项目,应作为重点监督管理内容。

4. 以风险等级为变量进行分析

以风险等级为变量,可以掌握各级风险等级的食品企业数量,了解当地食品生产企业风险状况。

5. 以时空为变量进行分析

可以分别以时间和空间为变量进行分析,掌握重点监管区域,同时积累多年监管数据,可以分析企业食品安全状况变化情况。

此外,有条件的地区,可以采用多元回归、聚类分析等统计方法,对风险分级结果进行深入挖掘。

(三)重点监管结果的运用

基于风险分级结果确定的重点监管内容,可以为各类监管措施的实施提供数据基础。例如,在食品生产许可工作中,可以通过分级发现的行业问题纳入许可审查工作中,在现场核查时作为核查重要内容;在日常监督检查中可以根据分级工作确定的重点监管行业安排不同的监督检查内容或监督检查的项目比例;在抽检监测工作中可以将高风险企业、重点监管行业作为确定抽检计划抽检项目的依据。

第三十四条

【办法原文】

> **第三十四条　市县级食品药品监督管理部门应当根据风险等级对食品生产经营者进行分类,可以建立行政区域内食品生产经营者的分类系统及数据平台,记录、汇总、分析食品生产经营风险分级信息,实行信息化管理。**

【内容概述】

本条对信息化建设提出了要求。

【条文释义】

(一)要将"互联网+"融入日常监管工作

李克强总理曾指出"以敬民之心行简政之道,必须增强法治、公平、责任意识,搞好事中事后监管。运用大数据、云计算、'互联网+'等创新监管"、"'互联网+'改变了企业营销模式和管理模式,政府的监管模式也必须与之相适应,既要做好服务,也要有效监管,创造公平竞争环境"。各级食品药品监督管理部门在日常监管工作中要把"互联网+"思维融入日常监管工作中:一是基于"互联网+"运用大数据技术,系统分析监管工作的数据需求,主动分析相关数据,为监管决策部署提供依据;二是基于"互联网+"向社会公众开放可公开的数据,通过数据交互与反馈,树立食品药品监督管理部门监管执法威信;三是基于"互联网+"及时公开不合格食品和监督检查结果,对容易出现问题的、反复多次被行政处罚的生产经营者进行客观评析,构建社会共治局面;四是基于"互联网+"了解公众搜索和关注热点,掌握和应对食品安全舆情发展动态,及时发现风险、防控风险,调整监管重点,为社会公众提供可信赖的监管服务;五是基于"互联网+"挖掘监管对象监督管理数据,客观分析某一区域一定时期内的生产经营主体的风险隐患,挖掘区域性、系统性食品安全风险,为确定监管重点提供参考。

(二)分级工作中信息化手段的运用

在风险分级工作中,面对海量的食品生产经营者,有必要利用信息化手段支撑食品生产经营风险分级管理工作,建立信息化平台帮助开展风险等级确定、监管频次确定、监管计划制定以及多角度的记录、汇总和分析。

(三)构建数据融合的监管信息平台

各地可根据实际情况,开发与生产许可、监督检查乃至监督抽检系统相贯通的食品生产经营风险分级管理系统,构建食品安全监管信息平台,实现食品生产经营监管大数据的融合。

第三十五条

【办法原文】

第三十五条　市县级食品药品监督管理部门应当根据食品生产经营者风险等级和检查频次,确定本行政区域内所需检查力量及设施配备等,并合理调整检查力量分配。

【内容概述】

本条规定了市县级食品药品监督管理部门落实风险分级管理的具体要求。

【条文释义】

根据本办法确定食品生产经营者风险等级和监督检查频次,不仅为食品安全监管工作提供了科学基础,同时也是基层监管部门履责的重要依据。各地市县级食品药品监督管理部门应严格按照总局“四有两责”的有关工作要求,按质按量完成对生产经营企业的日常检查职责。

对于本行政区域内检查力量和设施设备不足的,应主动向当地政府汇报年度监管计划和所需的人员装备,督促地方政府落实食品安全属地管理责任,建立完善有责、有岗、有人、有手段的“四有”目标。

在食品生产经营者风险等级和监督检查频次开展日常监督检查工作时，各地可根据实际情况和自身条件，统计掌握日常监督检查所消耗的人力、物力和财力，优化检查流程，合理调整检查力量，实现监管资源的最优化分配。

第三十六条

【办法原文】

第三十六条　各级食品药品监督管理部门的相关工作人员在风险分级管理工作中不得滥用职权、玩忽职守、徇私舞弊。

【内容概述】

本条规定了相关工作人员的工作纪律要求。

【条文释义】

（一）最高法有关办理食品安全刑事案件适用法律若干问题的解释

《最高人民法院、最高人民检察院关于办理危害食品安全刑事案件适用法律若干问题的解释》对食品监管人员滥用职权、玩忽职守、徇私舞弊的处罚有明确的规定。

第十六条　负有食品安全监督管理职责的国家机关工作人员，滥用职权或者玩忽职守，导致发生重大食品安全事故或者造成其他严重后果，同时构成食品监管渎职罪和徇私舞弊不移交刑事案件罪、商检徇私舞弊罪、动植物检疫徇私舞弊罪、放纵制售伪劣商品犯罪行为罪等其他渎职犯罪的，依照处罚较重的规定定罪处罚。

负有食品安全监督管理职责的国家机关工作人员滥用职权或者玩忽职守，不构成食品监管渎职罪，但构成前款规定的其他渎职犯罪的，依照该其他犯罪定罪处罚。

负有食品安全监督管理职责的国家机关工作人员与他人共谋，利用其职务行为帮助他人实施危害食品安全犯罪行为,同时构成渎职犯罪和危害食品安全犯罪共犯的,依照处罚较重的规定定罪处罚。

(二)食品安全法有关要求

《食品安全法》第一百四十二条规定,违反本法规定,县级以上地方人民政府有下列行为之一的,对直接负责的主管人员和其他直接责任人员给予记大过处分;情节较重的,给予降级或者撤职处分;情节严重的,给予开除处分;造成严重后果的,其主要负责人还应当引咎辞职:

(1)对发生在本行政区域内的食品安全事故,未及时组织协调有关部门开展有效处置,造成不良影响或者损失;

(2)对本行政区域内涉及多环节的区域性食品安全问题,未及时组织整治,造成不良影响或者损失;

(3)隐瞒、谎报、缓报食品安全事故;

(4)本行政区域内发生特别重大食品安全事故,或者连续发生重大食品安全事故。

《食品安全法》第一百四十三条规定,违反本法规定,县级以上地方人民政府有下列行为之一的,对直接负责的主管人员和其他直接责任人员给予警告、记过或者记大过处分;造成严重后果的,给予降级或者撤职处分:

(1)未确定有关部门的食品安全监督管理职责,未建立健全食品安全全程监督管理工作机制和信息共享机制,未落实食品安全监督管理责任制;

(2)未制定本行政区域的食品安全事故应急预案,或者发生食品安全事故后未按规定立即成立事故处置指挥机构、启动应急预案。

《食品安全法》第一百四十四条规定,违反本法规定,县级以上人民政府食品药品监督管理、卫生行政、质量监督、农业行政等部门有下列行为之一的,对直接负责的主管人员和其他直接责任人员给予记大过处分;情节较重的,给予降级或者撤职处分;情节严重的,给予开除处分;造成严重后果的,其主要负责人还应当引咎辞职:

(1)隐瞒、谎报、缓报食品安全事故;

(2)未按规定查处食品安全事故,或者接到食品安全事故报告未及时处

理,造成事故扩大或者蔓延;

(3)经食品安全风险评估得出食品、食品添加剂、食品相关产品不安全结论后,未及时采取相应措施,造成食品安全事故或者不良社会影响;

(4)对不符合条件的申请人准予许可,或者超越法定职权准予许可;

(5)不履行食品安全监督管理职责,导致发生食品安全事故。

《食品安全法》第一百四十五条规定,违反本法规定,县级以上人民政府食品药品监督管理、卫生行政、质量监督、农业行政等部门有下列行为之一,造成不良后果的,对直接负责的主管人员和其他直接责任人员给予警告、记过或者记大过处分;情节较重的,给予降级或者撤职处分;情节严重的,给予开除处分:

(1)在获知有关食品安全信息后,未按规定向上级主管部门和本级人民政府报告,或者未按规定相互通报;

(2)未按规定公布食品安全信息;

(3)不履行法定职责,对查处食品安全违法行为不配合,或者滥用职权、玩忽职守、徇私舞弊。

《食品安全法》第一百四十六条规定,食品药品监督管理、质量监督等部门在履行食品安全监督管理职责过程中,违法实施检查、强制等执法措施,给生产经营者造成损失的,应当依法予以赔偿,对直接负责的主管人员和其他直接责任人员依法给予处分。

(三)分级工作中的具体要求

食品生产经营风险分级管理工作,是基于大量数据、信息的,在风险等级确定的过程中,相关工作人员要主动搜集风险等级确定所需的基础信息、资料,一是涉及生产许可、监督检查等上下游工作的,应按照本办法的要求获取许可信息和日常监督检查结果信息并按照指定方法计算;二是在调整年度风险等级时,相关工作人员应广泛搜集企业监督管理记录,做好信息储备;三是在按照监督检查频次实施检查过程中,要严格按照检查次数和相关规定执行日常监督检查,按质按量履行监管职责。

第三十七条

【办法原文】

> **第三十七条　食品生产经营者应当根据风险分级结果,改进和提高生产经营控制水平,加强落实食品安全主体责任。**

【内容概述】

本条提出了食品生产经营者所应履行的职责和义务。

【条文释义】

食品企业作为是食品生产经营的主体,直接控制生产经营的要素、对生产过程起决定性作用,对食品安全事故的发生负直接责任,是保障食品安全的第一责任人。2015 年年底至 2016 年年初,食品药品监管总局对多家乳制品企业进行了不合格食品的查处、食品安全审计,发现主体责任落实不到位(如制度落实不到位、记录不完整等)是产生不安全食品的根本原因。由于部分企业没有摆正食品安全与经济效益的关系;管理不扎实,安全责任落实不到位;食品安全控制措施缺乏;食品企业人员能力素质不强、技术培训不到位等原因造成企业主体责任落实不到位。因此,为落实最严谨的标准、最严格的监管、最严厉的处罚、最严肃的问责"四个最严"要求,切实保障人民群众"舌尖上的安全",关键是要督促食品生产经营企业落实食品安全主体责任。

本办法就食品生产经营风险分级设置了良性循环(如下图所示)。通过实施食品生产经营风险管理制度,一方面可以帮助监管部门优化监管资源配置、科学设置监管频次,改进监督管理措施;另一方面对于食品生产经营者也有推动和促进作用,帮助企业提高食品安全责任意识,逐步降低风险等级。

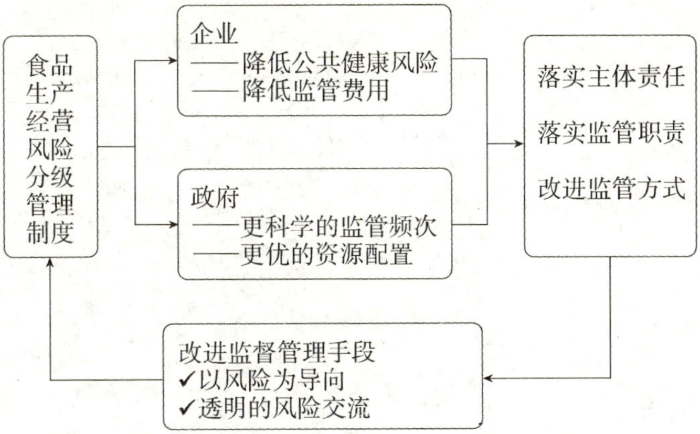

因此，本办法设置了风险等级调整机制，分别从调高、调低和维持不变三个方面对食品生产经营者的问题或表现进行了明确，其中明确了风险等级调低的如下四种情形。

（一）连续3年食品安全监督管理记录没有违反本办法第二十八条所列情形的；

（二）获得良好生产规范、危害分析与关键控制点体系认证（特殊医学用途配方食品、婴幼儿配方乳粉企业除外）的；

（三）获得地市级以上人民政府质量奖的；

（四）具有法律、法规、规章和省级食品药品监督管理部门规定的其他可以下调风险等级的情形。

以上四个方面的情形，均是食品生产经营者通过持续落实食品安全主体责任且在产品质量安全上有突出表现的，只要达到上述条件，均可调低食品生产经营者的风险等级，从而降低监管部门对食品生产经营者的监管压力。因此食品生产经营者应改进和提高生产经营控制水平，从而真正落实食品安全主体责任。

第五章　附　　则

第三十八条

【办法原文】

第三十八条　省级食品药品监督管理部门可参照本办法制定食用农产品市场销售、小作坊、食品摊贩的风险分级管理制度。

【内容概述】

本条规定了对食用农产品销售、小作坊、食品摊贩的风险分级管理的实施建议。

【条文释义】

根据《食品安全法》第三十六条的规定："食品生产加工小作坊和食品摊贩等从事食品生产经营活动，应当符合本法规定的与其生产经营规模、条件相适应的食品安全要求，保证所生产经营的食品卫生、无毒、无害，食品药品监督管理部门应当对其加强监督管理。

县级以上地方人民政府应当对食品生产加工小作坊、食品摊贩等进行综合治理，加强服务和统一规划，改善其生产经营环境，鼓励和支持其改进生产经营条件，进入集中交易市场、店铺等固定场所经营，或者在指定的临时经营区域、时段经营。

食品生产加工小作坊和食品摊贩等的具体管理办法由省、自治区、直辖市制定"。

因此，本办法所适用的对象不包括小作坊、食品摊贩，具体办法由各地参考本办法研究制定。

根据《食用农产品市场销售质量安全监督管理办法》的要求，县级以上地方食品药品监督管理部门应当按照当地人民政府制定的本行政区域食品安全年度监督管理计划，开展食用农产品市场销售质量安全监督管理工作。市、县级食品药品监督管理部门按照地方政府属地管理要求，对集中交易市场开办者、销售者、贮存服务提供者进行日常监督检查。因此，食用农产品市场销售的风险分级管理，由各地按照地方政府属地管理的要求研究制定相关风险分级管理办法。

第三十九条

【办法原文】

第三十九条　本办法由国家食品药品监督管理总局负责解释。

【内容概述】

本条规定了食品生产经营风险分级管理办法的具体负责解释的单位。

【条文释义】

国家食品药品监督管理总局根据当前食品安全监管工作的要求，最终确定了正式发布稿。国家食品药品监督管理总局负责对本办法的解释。

第四十条

【办法原文】

第四十条　本办法自 2016 年 12 月 1 日起施行。

【内容概述】

本条规定了食品生产经营风险分级管理办法的实施日期。

【条文释义】

《食品生产经营风险分级管理办法》自2016年12月1日起施行。

《食品生产经营静态风险因素量化分值表》释义

表1－1.1:食品、食品添加剂生产者静态风险因素量化分值表

序号	食品、食品添加剂类别	类别编号	类别名称	品种明细	食品风险等级	分值(S)
1	粮食加工品	0101	小麦粉	1.通用(特制一等小麦粉、特制二等小麦粉、标准粉、普通粉、高筋小麦粉、低筋小麦粉、营养强化小麦粉、全麦粉、其他) 2.专用[面包用小麦粉、面条用小麦粉、饺子用小麦粉、馒头用小麦粉、发酵饼干用小麦粉、酥性饼干用小麦粉、蛋糕用小麦粉、糕点用小麦粉、自发小麦粉、小麦胚(胚片、胚粉)、其他]	低(Ⅰ)	13.5
2	粮食加工品	0102	大米	大米(大米、糙米、其他)	低(Ⅰ)	13.5
3	粮食加工品	0103	挂面	1.普通挂面;2.花色挂面;3.手工面	低(Ⅰ)	13.5

续表

序号	食品、食品添加剂类别	类别编号	类别名称	品种明细	食品风险等级	分值（S）
4	粮食加工品	0104	其他粮食加工品	1. 谷物加工品［高粱米、黍米、稷米、小米、黑米、紫米、红线米、小麦米、大麦米、裸大麦米、莜麦米（燕麦米）、荞麦米、薏仁米、蒸谷米、八宝米类、混合杂粮类、其他］ 2. 谷物碾磨加工品［玉米碜、玉米粉、燕麦片、汤圆粉（糯米粉）、莜麦粉、玉米自发粉、小米粉、高粱粉、荞麦粉、大麦粉、青稞粉、杂面粉、大米粉、绿豆粉、黄豆粉、红豆粉、黑豆粉、豌豆粉、芸豆粉、蚕豆粉、黍米粉（大黄米粉）、稷米粉（糜子面）、混合杂粮粉、其他］ 3. 谷物粉类制成品（生湿面制品、生干面制品、米粉制品、其他）	低（Ⅰ）	14.0
5	食用油、油脂及其制品	0201	食用植物油	食用植物油（菜籽油、大豆油、花生油、葵花籽油、棉籽油、亚麻籽油、油茶籽油、玉米油、米糠油、芝麻油、棕榈油、橄榄油、食用调和油、其他）	较低（Ⅱ）	18.0
6	食用油、油脂及其制品	0202	食用油脂制品	食用油脂制品［食用氢化油、人造奶油（人造黄油）、起酥油、代可可脂、植脂奶油、粉末油脂、植脂末］	较低（Ⅱ）	18.5
7	食用油、油脂及其制品	0203	食用动物油脂	食用动物油脂（猪油、牛油、羊油、鸡油、鸭油、鹅油、骨髓油、鱼油、其他）	较低（Ⅱ）	18.0
8	调味品	0301	酱油	1. 酿造酱油	较低（Ⅱ）	18.5
				2. 配制酱油	较低（Ⅱ）	19.0
9	调味品	0302	食醋	1. 酿造食醋	较低（Ⅱ）	18.0
				2. 配制食醋	较低（Ⅱ）	18.5
10	调味品	0303	味精	1. 谷氨酸钠（99%味精） 2. 加盐味精 3. 增鲜味精	低（Ⅰ）	14.0

续表

序号	食品、食品添加剂类别	类别编号	类别名称	品种明细	食品风险等级	分值(S)
11	调味品	0304	酱类	酿造酱[稀甜面酱、甜面酱、大豆酱(黄酱)、蚕豆酱、豆瓣酱、大酱、其他]	较低(Ⅱ)	17.0
12	调味品	0305	调味料	1. 液体调味料(鸡汁调味料、牛肉汁调味料、烧烤汁、鲍鱼汁、香辛料调味汁、糟卤、调味料酒、液态复合调味料、其他) 2. 半固态(酱)调味料[花生酱、芝麻酱、辣椒酱、番茄酱、风味酱、芥末酱、咖喱卤、油辣椒、火锅蘸料、火锅底料、排骨酱、叉烧酱、香辛料酱(泥)、复合调味酱、其他] 3. 固态调味料[鸡精调味料、鸡粉调味料、畜(禽)粉调味料、风味汤料、酱油粉、食醋粉、酱粉、咖喱粉、香辛料粉、复合调味粉、其他] 4. 食用调味油(香辛料调味油、复合调味油、其他) 5. 水产调味料(蚝油、鱼露、虾酱、鱼子酱、虾油、其他)	较低(Ⅱ)	18.0
				3. 固态调味料[鸡精调味料、鸡粉调味料、畜(禽)粉调味料、风味汤料、酱油粉、食醋粉、酱粉、咖喱粉、香辛料粉、复合调味粉、其他]	较低(Ⅱ)	17.0
13	肉制品	0401	热加工熟肉制品	1. 酱卤肉制品(酱卤肉类、糟肉类、白煮类、其他)	高(Ⅳ)	26.0
				2. 熏烧烤肉制品(熏肉、烤肉、烤鸡腿、烤鸭、叉烧肉、其他) 3. 肉灌制品(灌肠类、西式火腿、其他) 4. 油炸肉制品(炸鸡翅、炸肉丸、其他) 5. 熟肉干制品(肉松类、肉干类、肉脯、其他)	高(Ⅳ)	25.5
				6. 其他熟肉制品(肉冻类、血豆腐、其他)	高(Ⅳ)	26.5

续表

序号	食品、食品添加剂类别	类别编号	类别名称	品种明细	食品风险等级	分值(S)
14	肉制品	0402	发酵肉制品	1. 发酵灌制品 2. 发酵火腿制品	高(Ⅳ)	25.5
15	肉制品	0403	预制调理肉制品	1. 冷藏预制调理肉类 2. 冷冻预制调理肉类	高(Ⅳ)	26.5
16	肉制品	0404	腌腊肉制品	1. 肉灌制品 2. 腊肉制品 3. 火腿制品 4. 其他肉制品	中等(Ⅲ)	23.0
17	乳制品	0501	液体乳	1. 巴氏杀菌乳	高(Ⅳ)	27.0
				2. 调制乳	高(Ⅳ)	27.0
				3. 灭菌乳	高(Ⅳ)	26.0
				4. 发酵乳	高(Ⅳ)	28.0
18	乳制品	0502	乳粉	1. 全脂乳粉 2. 脱脂乳粉 3. 部分脱脂乳粉 4. 调制乳粉 5. 牛初乳粉 6. 乳清粉	高(Ⅳ)	28.0
19	乳制品	0503	其他乳制品	1. 炼乳 2. 奶油 3. 稀奶油 4. 无水奶油 5. 干酪 6. 再制干酪 7. 特色乳制品	高(Ⅳ)	26.5
20	饮料	0601	瓶(桶)装饮用水	1. 饮用天然矿泉水 2. 包装饮用水(饮用纯净水、饮用天然泉水、饮用天然水、其他饮用水)	中等(Ⅲ)	22.5

续表

序号	食品、食品添加剂类别	类别编号	类别名称	品种明细	食品风险等级	分值（S）
21	饮料	0602	碳酸饮料（汽水）	碳酸饮料（汽水）（果汁型碳酸饮料、果味型碳酸饮料、可乐型碳酸饮料、其他型碳酸饮料）	较低（Ⅱ）	19.5
22	饮料	0603	茶（类）饮料	1. 原茶汁（茶汤）；2. 茶浓缩液；3. 茶饮料；4. 果汁茶饮料；5. 奶茶饮料；6. 复合茶饮料；7. 混合茶饮料；8. 其他茶（类）饮料	较低（Ⅱ）	19.5
23	饮料	0604	果蔬汁类及其饮料	1. 果蔬汁（浆）[原榨果汁（非复原果汁）、果汁（复原果汁）、蔬菜汁、果浆、蔬菜浆、复合果蔬汁、复合果蔬浆、其他] 2. 浓缩果蔬汁（浆） 3. 果蔬汁（浆）类饮料（果蔬汁饮料、果肉饮料、果浆饮料、复合果蔬汁饮料、果蔬汁饮料浓浆、发酵果蔬汁饮料、水果饮料、其他）	中等（Ⅲ）	22.5
24	饮料	0605	蛋白饮料	1. 含乳饮料 2. 植物蛋白饮料 3. 复合蛋白饮料	中等（Ⅲ）	22.5
25	饮料	0606	固体饮料	1. 风味固体饮料；2. 蛋白固体饮料；3. 果蔬固体饮料；4. 茶固体饮料；5. 咖啡固体饮料；6. 可可粉固体饮料；7. 其他固体饮料（植物固体饮料、谷物固体饮料、营养素固体饮料、食用菌固体饮料、其他）	较低（Ⅱ）	19.5
26	饮料	0607	其他饮料	1. 咖啡（类）饮料；2. 植物饮料；3. 风味饮料；4. 运动饮料；5. 营养素饮料；6. 能量饮料；7. 电解质饮料；8. 饮料浓浆；9. 其他类饮料	较低（Ⅱ）	19.5

续表

序号	食品、食品添加剂类别	类别编号	类别名称	品种明细	食品风险等级	分值(S)
27	方便食品	0701	方便面	1. 油炸方便面;2. 热风干燥方便面;3. 其他方便面	较低(Ⅱ)	19.5
28	方便食品	0702	其他方便食品	1. 主食类(方便米饭、方便粥、方便米粉、方便米线、方便粉丝、方便湿米粉、方便豆花、方便湿面、凉粉、其他) 2. 冲调类(麦片、黑芝麻糊、红枣羹、油茶、即食谷物粉、其他)	较低(Ⅱ)	19.5
29	方便食品	0703	调味面制品	调味面制品	较低(Ⅱ)	19.5
30	饼干	0801	饼干	饼干[酥性饼干、韧性饼干、发酵饼干、压缩饼干、曲奇饼干、夹心(注心)饼干、威化饼干、蛋圆饼干、蛋卷、煎饼、装饰饼干、水泡饼干、其他饼干]	较低(Ⅱ)	17.5
31	罐头	0901	畜禽水产罐头	畜禽水产罐头(火腿类罐头、肉类罐头、牛肉罐头、羊肉罐头、鱼类罐头、禽类罐头、肉酱类罐头、其他)	中等(Ⅲ)	21.0
32	罐头	0902	果蔬罐头	1. 水果罐头(桃罐头、橘子罐头、菠萝罐头、荔枝罐头、梨罐头、其他);2. 蔬菜罐头(食用菌罐头、竹笋罐头、莲藕罐头、番茄罐头、其他)	较低(Ⅱ)	17.0
33	罐头	0903	其他罐头	其他罐头(果仁类罐头、八宝粥罐头、其他)	较低(Ⅱ)	17.0
34	冷冻饮品	1001	冷冻饮品	1. 冰淇淋;2. 雪糕; 3. 雪泥;4. 冰棍	高(Ⅳ)	25.5
				5. 食用冰;6. 甜味冰	较低(Ⅱ)	19.0

续表

序号	食品、食品添加剂类别	类别编号	类别名称	品种明细	食品风险等级	分值（S）
35	速冻食品	1101	速冻面米食品	1. 生制品（速冻饺子、速冻包子、速冻汤圆、速冻粽子、速冻面点、速冻其他面米制品、其他）	较低（Ⅱ）	19.5
				2. 熟制品（速冻饺子、速冻包子、速冻粽子、速冻其他面米制品、其他）	较低（Ⅱ）	20.0
36	速冻食品	1102	速冻调制食品	1. 生制品（具体品种明细） 2. 熟制品（具体品种明细）	中等（Ⅲ）	24.0
37	速冻食品	1103	速冻其他食品	速冻肉制品	中等（Ⅲ）	24.0
38	速冻食品	1103	速冻其他食品	速冻果蔬制品	较低（Ⅱ）	19.0
39	薯类和膨化食品	1201	膨化食品	1. 焙烤型 2. 油炸型 3. 直接挤压型 4. 花色型	较低（Ⅱ）	19.0
40	薯类和膨化食品	1202	薯类食品	1. 干制薯类 2. 冷冻薯类 3. 薯泥（酱）类 4. 薯粉类 5. 其他薯类	较低（Ⅱ）	18.0
41	糖果制品	1301	糖果	1. 硬质糖果；2. 奶糖糖果；3. 夹心糖果；4. 酥质糖果；5. 焦香糖果（太妃糖果）；6. 充气糖果；7. 凝胶糖果；8. 胶基糖果；9. 压片糖果；10. 流质糖果；11. 膜片糖果；12. 花式糖果；13. 其他糖果	较低（Ⅱ）	17.5
42	糖果制品	1302	巧克力及巧克力制品	1. 巧克力 2. 巧克力制品	较低（Ⅱ）	18.0

续表

序号	食品、食品添加剂类别	类别编号	类别名称	品种明细	食品风险等级	分值(S)
43	糖果制品	1303	代可可脂巧克力及代可可脂巧克力制品	1. 代可可脂巧克力 2. 代可可脂巧克力制品	较低(Ⅱ)	18.0
44	糖果制品	1304	果冻	果冻(果汁型果冻、果肉型果冻、果味型果冻、含乳型果冻、其他型果冻)	中等(Ⅲ)	20.5
45	茶叶及相关制品	1401	茶叶	1. 绿茶(龙井茶、珠茶、黄山毛峰、都匀毛尖、其他) 2. 红茶(祁门工夫红茶、小种红茶、红碎茶、其他) 3. 乌龙茶(铁观音茶、武夷岩茶、凤凰单枞茶、其他) 4. 白茶(白毫银针茶、白牡丹茶、贡眉茶、其他) 5. 黄茶(蒙顶黄芽茶、霍山黄芽茶、君山银针茶、其他) 6. 黑茶[普洱茶(熟茶)散茶、六堡茶散茶、其他] 7. 花茶(茉莉花茶、珠兰花茶、桂花茶、其他) 8. 袋泡茶(绿茶袋泡茶、红茶袋泡茶、花茶袋泡茶、其他) 9. 紧压茶[普洱茶(生茶)紧压茶、普洱茶(熟茶)紧压茶、六堡茶紧压茶、白茶紧压茶、其他]	较低(Ⅱ)	15.5
46	茶叶及相关制品	1402	边销茶	边销茶(花砖茶、黑砖茶、茯砖茶、康砖茶、沱茶、紧茶、金尖茶、米砖茶、青砖茶、方包茶、其他)	较低(Ⅱ)	15.5

续表

序号	食品、食品添加剂类别	类别编号	类别名称	品种明细	食品风险等级	分值（S）
47	茶叶及相关制品	1403	茶制品	1. 茶粉（绿茶粉、红茶粉、其他） 2. 固态速溶茶（速溶红茶、速溶绿茶、其他） 3. 茶浓缩液（红茶浓缩液、绿茶浓缩液、其他） 4. 茶膏（普洱茶膏、黑茶膏、其他） 5. 调味茶制品（调味茶粉、调味速溶茶、调味茶浓缩液、调味茶膏、其他） 6. 其他茶制品（表没食子儿茶素没食子酸酯、绿茶茶氨酸、其他）	较低（Ⅱ）	16.0
48	茶叶及相关制品	1404	调味茶	1. 加料调味茶（八宝茶、三泡台、枸杞绿茶、玄米绿茶、其他） 2. 加香调味茶（柠檬红茶、草莓绿茶、其他） 3. 混合调味茶（柠檬枸杞茶、其他） 4. 袋泡调味茶（玫瑰袋泡红茶、其他） 5. 紧压调味茶（荷叶茯砖茶、其他）	较低（Ⅱ）	16.0
49	茶叶及相关制品	1405	代用茶	1. 叶类代用茶（荷叶、桑叶、薄荷叶、苦丁茶、其他） 2. 花类代用茶（杭白菊、金银花、重瓣红玫瑰、其他） 3. 果实类代用茶（大麦茶、枸杞子、决明子、苦瓜片、罗汉果、柠檬片、其他） 4. 根茎类代用茶[甘草、牛蒡根、人参（人工种植）、其他] 5. 混合类代用茶（荷叶玫瑰茶、枸杞菊花茶、其他） 6. 袋泡代用茶（荷叶袋泡茶、桑叶袋泡茶、其他） 7. 紧压代用茶（紧压菊花、其他）	较低（Ⅱ）	16.0

续表

序号	食品、食品添加剂类别	类别编号	类别名称	品种明细	食品风险等级	分值(S)
50	酒类	1501	白酒	1. 白酒	较低(Ⅱ)	19.5
				2. 白酒(液态);3. 白酒(原酒)	中等(Ⅲ)	21.0
51	酒类	1502	葡萄酒及果酒	1. 葡萄酒(原酒、加工灌装) 2. 冰葡萄酒(原酒、加工灌装) 3. 其他特种葡萄酒(原酒、加工灌装) 4. 发酵型果酒(原酒、加工灌装)	中等(Ⅲ)	20.5
52	酒类	1503	啤酒	1. 熟啤酒;2. 生啤酒;3. 鲜啤酒;4. 特种啤酒	较低(Ⅱ)	19.5
53	酒类	1504	黄酒	黄酒(原酒、加工灌装)	较低(Ⅱ)	19.5
54	酒类	1505	其他酒	1. 配制酒(露酒、枸杞酒、枇杷酒、其他) 2. 其他蒸馏酒(白兰地、威士忌、俄得克、朗姆酒、水果白兰地、水果蒸馏酒、其他) 3. 其他发酵酒[清酒、米酒(醪糟)、奶酒、其他]	较低(Ⅱ)	19.5
55	酒类	1506	食用酒精	食用酒精	较低(Ⅱ)	16.0
56	蔬菜制品	1601	酱腌菜	酱腌菜(调味榨菜、腌萝卜、腌豇豆、酱渍菜、虾油渍菜、盐水渍菜、其他)	中等(Ⅲ)	22.5
57	蔬菜制品	1602	蔬菜干制品	1. 自然干制蔬菜;2. 热风干燥蔬菜;3. 冷冻干燥蔬菜;4. 蔬菜脆片;5. 蔬菜粉及制品	较低(Ⅱ)	16.0
58	蔬菜制品	1603	食用菌制品	1. 干制食用菌;2. 腌渍食用菌	较低(Ⅱ)	16.0
59	蔬菜制品	1604	其他蔬菜制品	其他蔬菜制品	较低(Ⅱ)	16.0

续表

序号	食品、食品添加剂类别	类别编号	类别名称	品种明细	食品风险等级	分值(S)
60	水果制品	1701	蜜饯	1. 蜜饯类;2. 凉果类;3. 果脯类;4. 话化类;5. 果丹(饼)类;6. 果糕类	中等(Ⅲ)	20.5
61	水果制品	1702	水果制品	1. 水果干制品(葡萄干、水果脆片、荔枝干、桂圆、椰干、大枣干制品、其他) 2. 果酱(苹果酱、草莓酱、蓝莓酱、其他)	较低(Ⅱ)	20.0
62	炒货食品及坚果制品	1801	炒货食品及坚果制品	1. 烘炒类(炒瓜子、炒花生、炒豌豆、其他) 2. 油炸类(油炸青豆、油炸琥珀桃仁、其他) 3. 其他类(水煮花生、糖炒花生、糖炒瓜子仁、裹衣花生、咸干花生、其他)	较低(Ⅱ)	17.0
63	蛋制品	1901	蛋制品	1. 再制蛋类(皮蛋、咸蛋、糟蛋、卤蛋、咸蛋黄、其他) 2. 干蛋类(巴氏杀菌鸡全蛋粉、鸡蛋黄粉、鸡蛋白片、其他) 3. 冰蛋类(巴氏杀菌冻鸡全蛋、冻鸡蛋黄、冰鸡蛋白、其他) 4. 其他类(热凝固蛋制品、蛋黄酱、色拉酱、其他)	较低(Ⅱ)	17.5
64	可可及焙烤咖啡产品	2001	可可制品	可可制品(可可粉、可可脂、可可液块、可可饼块、其他)	低(Ⅰ)	14.5
65	可可及焙烤咖啡产品	2002	焙炒咖啡	焙炒咖啡(焙炒咖啡豆、咖啡粉、其他)	低(Ⅰ)	14.0
66	食糖	2101	糖	1. 白砂糖;2. 绵白糖;3. 赤砂糖;4. 冰糖(单晶体冰糖、多晶体冰糖);5. 方糖;6. 冰片糖;7. 红糖;8. 其他糖(具体品种明细)	低(Ⅰ)	14.0

续表

序号	食品、食品添加剂类别	类别编号	类别名称	品种明细	食品风险等级	分值(S)
67	水产制品	2201	非即食水产品	1. 干制水产品(虾米、虾皮、干贝、鱼干、鱿鱼干、干燥裙带菜、干海带、紫菜、干海参、干鲍鱼、其他) 2. 盐渍水产品(盐渍海带、盐渍裙带菜、盐渍海蜇皮、盐渍海蜇头、盐渍鱼、其他) 3. 鱼糜制品(鱼丸、虾丸、墨鱼丸、其他) 4. 水生动物油脂及制品 5. 其他水产品	中等(Ⅲ)	20.5
68	水产制品	2202	即食水产品	1. 风味熟制水产品(烤鱼片、鱿鱼丝、熏鱼、鱼松、炸鱼、即食海参、即食鲍鱼、其他) 2. 生食水产品[醉虾、醉泥螺、醉蚶、蟹酱(糊)、生鱼片、生螺片、海蜇丝、其他]	中等(Ⅲ)	21.0
69	淀粉及淀粉制品	2301	淀粉及淀粉制品	1. 淀粉[谷类淀粉(大米、玉米、高粱、麦、其他)、薯类淀粉(木薯、马铃薯、甘薯、芋头、其他)、豆类淀粉(绿豆、蚕豆、豇豆、豌豆、其他)、其他淀粉(藕、荸荠、百合、蕨根、其他)] 2. 淀粉制品(粉丝、粉条、粉皮、虾片、其他)	较低(Ⅱ)	15.5
70	淀粉及淀粉制品	2302	淀粉糖	淀粉糖(葡萄糖、饴糖、麦芽糖、异构化糖、低聚异麦芽糖、果葡糖浆、麦芽糊精、葡萄糖浆、其他)	低(Ⅰ)	14.5

续表

序号	食品、食品添加剂类别	类别编号	类别名称	品种明细	食品风险等级	分值（S）
71	糕点	2401	热加工糕点	1. 烘烤类糕点（酥类、松酥类、松脆类、酥层类、酥皮类、松酥皮类、糖浆皮类、硬皮类、水油皮类、发酵类、烤蛋糕类、烘糕类、烫面类、其他类） 2. 油炸类糕点（酥皮类、水油皮类、松酥类、酥层类、水调类、发酵类、其他类） 3. 蒸煮类糕点（蒸蛋糕类、印模糕类、韧糕类、发糕类、松糕类、粽子类、水油皮类、片糕类、其他类） 4. 炒制类糕点 5. 其他类［发酵面制品（馒头、花卷、包子、豆包、饺子、发糕、馅饼、其他）、油炸面制品（油条、油饼、炸糕、其他）、非发酵面米制品（窝头、烙饼、其他）、其他］	中等（Ⅲ）	24.5
72	糕点	2402	冷加工糕点	1. 熟粉糕点（热调软糕类、冷调韧糕类、冷调松糕类、印模糕类、挤压糕点类、其他类） 2. 西式装饰蛋糕类 3. 上糖浆类 4. 夹心（注心）类 5. 糕团类 6. 其他类	中等（Ⅲ）	22.5
73	糕点	2403	食品馅料	食品馅料（月饼馅料、其他）	中等（Ⅲ）	24.5
74	豆制品	2501	豆制品	1. 发酵性豆制品［腐乳（红腐乳、酱腐乳、白腐乳、青腐乳）、豆豉、纳豆、豆汁、其他］	中等（Ⅲ）	20.5
				2. 非发酵性豆制品（豆浆、豆腐、豆腐泡、熏干、豆腐脑、豆腐干、腐竹、豆腐皮、其他） 3. 其他豆制品（素肉、大豆组织蛋白、膨化豆制品、其他）	中等（Ⅲ）	21.0

续表

序号	食品、食品添加剂类别	类别编号	类别名称	品种明细	食品风险等级	分值(S)
75	蜂产品	2601	蜂蜜	蜂蜜	中等(Ⅲ)	20.5
76	蜂产品	2602	蜂王浆(含蜂王浆冻干品)	蜂王浆、蜂王浆冻干品	中等(Ⅲ)	20.5
77	蜂产品	2603	蜂花粉	蜂花粉	中等(Ⅲ)	20.5
78	蜂产品	2604	蜂产品制品	蜂产品制品	中等(Ⅲ)	20.5
79	保健食品	2701	保健食品	保健食品产品名称	高(Ⅳ)	/
80	特殊医学用途配方食品	2801	特殊医学用途配方食品	1. 全营养配方食品 2. 特定全营养配方食品(糖尿病全营养配方食品、呼吸系统病全营养配方食品、肾病全营养配方食品、肿瘤全营养配方食品、肝病全营养配方食品、肌肉衰减综合征全营养配方食品,创伤、感染、手术及其他应激状态全营养配方食品、炎性肠病全营养配方食品、胃肠道吸收障碍、胰腺炎全营养配方食品、脂肪酸代谢异常全营养配方食品,肥胖、减脂手术全营养配方食品)	/	/
81	特殊医学用途配方食品	2802	特殊医学用途婴儿配方食品	特殊医学用途婴儿配方食品(无乳糖配方或低乳糖配方、乳蛋白部分水解配方、乳蛋白深度水解配方或氨基酸配方、早产/低出生体重婴儿配方、氨基酸代谢障碍配方、母乳营养补充剂)	/	/

续表

序号	食品、食品添加剂类别	类别编号	类别名称	品种明细	食品风险等级	分值(S)
82	婴幼儿配方食品	2901	婴幼儿配方乳粉	1. 婴儿配方乳粉(湿法工艺、干法工艺、干湿法复合工艺) 2. 较大婴儿配方乳粉(湿法工艺、干法工艺、干湿法复合工艺) 3. 幼儿配方乳粉(湿法工艺、干法工艺、干湿法复合工艺)	高(Ⅳ)	31.5
83	特殊膳食食品	3001	婴幼儿谷类辅助食品	1. 婴幼儿谷物辅助食品(婴幼儿米粉、婴幼儿小米米粉、其他) 2. 婴幼儿高蛋白谷物辅助食品(高蛋白婴幼儿米粉、高蛋白婴幼儿小米米粉、其他) 3. 婴幼儿生制类谷物辅助食品(婴幼儿面条、婴幼儿颗粒面、其他) 4. 婴幼儿饼干或其他婴幼儿谷物辅助食品(婴幼儿饼干、婴幼儿米饼、婴幼儿磨牙棒、其他)	高(Ⅳ)	30.0
84	特殊膳食食品	3002	婴幼儿罐装辅助食品	1. 泥(糊)状罐装食品(婴幼儿果蔬泥、婴幼儿肉泥、婴幼儿鱼泥、其他) 2. 颗粒状罐装食品(婴幼儿颗粒果蔬泥、婴幼儿颗粒肉泥、婴幼儿颗粒鱼泥、其他) 3. 汁类罐装食品(婴幼儿水果汁、婴幼儿蔬菜汁、其他)	高(Ⅳ)	30.0
85	特殊膳食食品	3003	其他特殊膳食食品	其他特殊膳食食品(辅助营养补充品、其他)	高(Ⅳ)	30.0
86	其他食品	3101	其他食品	其他食品(具体品种明细)	低(Ⅰ)	14.5

续表

序号	食品、食品添加剂类别	类别编号	类别名称	品种明细	食品风险等级	分值(S)
87	食品添加剂	3201	食品添加剂	食品添加剂产品名称(使用GB2760、GB14880或卫生计生委公告规定的食品添加剂名称;标准中对不同工艺有明确规定的应当在括号中标明;不包括食品用香精和复配食品添加剂)	较低(Ⅱ)	17.5
88	食品用香精	3202	食品用香精	食品用香精[液体、乳化、浆(膏)状、粉末(拌和、胶囊)]	较低(Ⅱ)	17.5
89	复配食品添加剂	3203	复配食品添加剂	复配食品添加剂明细(使用GB 26687规定的名称)	中等(Ⅲ)	20.5

【内容概述】

表1-1.1为国家食品药品监督管理总局根据前期研究,提出的国家层面食品、食品添加剂生产者静态风险因素量化分值表,该分值表作为指导性文件,各省级食品药品监管部门可以基于该表格并根据各省实际情况参考表1-1.2的评价方法邀请专家给本省食品风险进行打分评价,调整确定本省的食品静态风险因素量化分值。

【释义】

(一)《静态风险因素量化分值表》的使用方法

食品药品监督管理部门应当根据食品、食品添加剂生产者的生产的食品、食品添加剂类别,按照《静态风险因素量化分值表》中品种明细的分值和食品风险等级,确定食品生产经营静态风险等级:低(Ⅰ)、较低(Ⅱ)、中等(Ⅲ)、高(Ⅳ)。

(二)食品、食品添加剂类别,类别名称及品种明细

1.食品、食品添加剂类别

食品、食品添加剂类别是指《食品生产许可管理办法》第十一条规定的三十一个食品类别以及食品添加剂，即粮食加工品，食用油、油脂及其制品，调味品，肉制品，乳制品，饮料，方便食品，饼干，罐头，冷冻饮品，速冻食品，薯类和膨化食品，糖果制品，茶叶及相关制品，酒类，蔬菜制品，水果制品，炒货食品及坚果制品，蛋制品，可可及焙烤咖啡产品，食糖，水产制品，淀粉及淀粉制品，糕点，豆制品，蜂产品，保健食品，特殊医学用途配方食品，婴幼儿配方食品，特殊膳食食品，其他食品以及食品添加剂等。

2. 类别名称

《静态风险因素量化分值表》表中的"类别名称"是指食品药品监管总局公布的《食品生产许可分类目录》中的"类别名称"，如粮食加工品中的"小麦粉"、调味品中的"酱油"、乳制品中的"液体乳"等。

3. 品种明细

品种明细是指食品药品监管总局公布的《食品生产许可分类目录》中的"品种明细"，如粮食加工品"挂面"中的"花色挂面"、饮料"瓶（桶）装饮用水"中的"饮用天然矿泉水"等。

表 1－1.2：食品、食品添加剂静态风险因素量化分值确定方法

序号	食品种类	主要食品原料属性	食品配方复杂程度	使用食品添加剂多少	生产工艺复杂程度	食品储存条件要求及保质期	抽检发现的问题	食用人群	社会关注程度	总分(S)	食品风险等级
1											
……											

注：省级食品药品监督管理部门可组织相关监管人员、技术专家从以上8个要素对31类食品进行打分评价（每个要素5分）。计算每类食品的平均得分，并可参考以下原则划分食品风险等级：

——0—15（含）分：Ⅰ；

——15—20（含）分：Ⅱ；

——20—25（含）分：Ⅲ；

——25—40 分：Ⅳ。

【内容概述】

表1-1.2说明了食品、食品添加剂静态风险要素、及要素量化分数的分布情况。

【释义】

(一)静态风险等级划分要素

1. 主要食品原料属性

食品的主要原料对食品风险有较大影响,如动物源性食品和植物源性食品。以动物源性原料为主要原料的食品,风险较高,应重点关注。

2. 食品配方复杂程度

食品配方越复杂,配料越多的食品,应重点关注。

3. 使用食品添加剂多少

从食品中使用食品添加剂的种类、功能和用量来进行评价,使用种类越多、用量越大,应重点关注。

4. 生产工艺复杂程度

从食品生产加工链条中存在的工艺环节进行评价,工艺环节越多、工艺越复杂的,越易出现食品安全问题,应重点关注。

5. 食品储存条件要求及保质期

从食品对储存运输条件和设施的要求进行评价,如冷藏、冷冻食品,保存条件要求较高,葡萄酒较白酒的储存条件要求高,这些食品应重点关注。

6. 抽检发现的问题

基于历次监督抽检结果,对抽检发现问题较多的食品,应重点关注。

7. 食用人群

从食品对人群的健康影响性进行评价,对特殊人群食用的食品,应重点关注。

8. 社会关注度

对社会比较关注的食品以及食品安全舆情比较突出的食品,应重点关注。

(二)评价方法

采用专家打分法对加工食品进行风险分级。省级食品药品监督管理部门可组织相关监管人员、技术专家从以上8个要素对31类食品和食品添加剂进行打分评价。每个要素均按满分5分进行评价,分值越高,风险越大。计算每类食品的平均得分,以每类食品的平均得分作为评价指标,对每类食品划分食品风险等级:

总分为0-15(含)分:风险等级为Ⅰ;

总分为15-20(含)分:风险等级为Ⅱ;

总分为20-25(含)分:风险等级为Ⅲ;

总分为25-40分:风险等级为Ⅳ。

表1-2:食品销售企业静态风险因素量化分值表

<table>
<tr><th colspan="2">评分项[注1]
(共40分)</th><th colspan="6">参考分值</th><th>得分</th></tr>
<tr><td colspan="2" rowspan="2">食品经营场所面积[注2](4分)</td><td>面积</td><td>200以下</td><td>201-1000</td><td>1001-2000</td><td>2001-3000</td><td>3000以上</td><td rowspan="2"></td></tr>
<tr><td>分值</td><td>1分</td><td>2分</td><td>2.5分</td><td>3分</td><td>4分</td></tr>
<tr><td rowspan="6">预包装食品单品数(12分)</td><td rowspan="2">常温(2分)</td><td>数量</td><td>500以下</td><td>501-2000</td><td>2001-5000</td><td>5001-10000</td><td>10000以上</td><td rowspan="2"></td></tr>
<tr><td>分值</td><td>0.5分</td><td>1分</td><td>1.2分</td><td>1.5分</td><td>2分</td></tr>
<tr><td rowspan="2">冷藏(7分)</td><td>数量</td><td>100以下</td><td>101-300</td><td>301-600</td><td>601-1000</td><td>1000以上</td><td rowspan="2"></td></tr>
<tr><td>分值</td><td>1分</td><td>3分</td><td>4分</td><td>5分</td><td>7分</td></tr>
<tr><td rowspan="2">冷冻(3分)</td><td>数量</td><td>100以下</td><td>101-300</td><td>301-600</td><td>601-1000</td><td>1000以上</td><td rowspan="2"></td></tr>
<tr><td>分值</td><td>1分</td><td>1.5分</td><td>2分</td><td>2.5分</td><td>3分</td></tr>
<tr><td rowspan="6">散装食品单品数(18分)</td><td rowspan="2">常温(5分)</td><td>数量</td><td>100以下</td><td>101-300</td><td>301-600</td><td>601-1000</td><td>1000以上</td><td rowspan="2"></td></tr>
<tr><td>分值</td><td>1分</td><td>1.5分</td><td>2分</td><td>3分</td><td>5分</td></tr>
<tr><td rowspan="2">冷藏(9分)</td><td>数量</td><td>30以下</td><td>30-50</td><td>51-100</td><td>101-150</td><td>150以上</td><td rowspan="2"></td></tr>
<tr><td>分值</td><td>6分</td><td>6.5分</td><td>7分</td><td>8分</td><td>9分</td></tr>
<tr><td rowspan="2">冷冻(4分)</td><td>数量</td><td>50以下</td><td>51-100</td><td>101-200</td><td>201-300</td><td>300以上</td><td rowspan="2"></td></tr>
<tr><td>分值</td><td>1分</td><td>2分</td><td>2.5分</td><td>3分</td><td>4分</td></tr>
</table>

续表

评分项（共40分）	参考分值						得分
供货者数量（6分）	数量	50以下	51－100	101－200	201－300	300以上	
	分值	2分	3分	4分	5分	6分	
得分总和							

备注:

注1:各评分总和为40分,评分项因实际情况缺项的,得分为“0”。

注2:含进货查验、食品贮存、食品内部运输、食品陈列展售场所的面积总和。

注3:各数值均为整数,如有小数,四舍五入取整。数量单位:个,面积单位:m^2

注4:单品数:不含制作过程中各类食品原料和半成品数量,指独立展售食品的品种数。

【内容概述】

表1－1.2包括食品销售企业静态风险评分项目、项目的参考分值等。

【释义】

一、食品销售企业静态风险因素

食品销售企业的静态风险因素与食品经营企业的食品经营场所面积、经营的食品类别、经营食品的储存方式、供货者数量等经营条件密切相关。

食品销售企业评分主要是四大项,分别是食品经营场所面积、预包装食品、散装食品、供货者数量,并对预包装食品和散装食品品种数量及所需的温控条件要求进行细分,设定对应的分值,根据综合的结果确定总分。

二、参考分值

食品销售企业静态风险因素各评分总和为40分,评分项因实际情况缺项的,得分为“0”分,其中:

食品经营场所面积(4分):含进货查验、食品贮存、食品内部运输、食品陈列展售场所的面积总和。根据经营场所面积得到该评分项的分值。

预包装食品单品数(12分):细分为常温、冷藏和冷冻三种温控条件,根据相应的单品数得到各项分值,因实际情况缺项时,得分为“0”分,该评分项得分为三种温控条件分别得分的总和。

散装食品单品数(18分):细分为常温、冷藏和冷冻三种温控条件,根据相应的单品数得到各项分值，因实际情况缺项时，得分为“0”分，该评分项得分为三种温控条件分别得分的总和。

供货者数量(6分)：根据供货者数量的多少，得出该评分项的分值。

表1－3：餐饮服务提供者静态风险因素量化分值表

评分项(共40分)				参考分值					得分
业态和规模(10分)	餐饮服务提供者	规模		面积 $150m^2$ 及以下	面积 151－$500m^2$	面积 501－$1000m^2$	面积 1001－$3000m^2$	面积 $3001m^2$ 及以上	
		分值		2	4	6	8	10	
	学校、托幼机构等单位食堂	规模		供餐人数50人及以下	供餐人数51－300人	供餐人数301－500人	供餐人数501人及以上		
		分值		2	4	7	10		
	集体用餐配送单位	规模		供餐人数50人及以下	供餐人数51－100人	供餐人数101－300人	供餐人数301人及以上		
		分值		2	4	7	10		
	中央厨房	规模		配送门店1－5家	配送门店6－10家	配送门店11－20家	配送门店21家及以上		
		分值		2	4	7	10		
制作食品的类别和数量(30分)	冷食类食品制售(8分)	单品数(4分)	数量	1－10	11－20	21－40	41及以上		
			分值	2分	2.5分	3分	4分		
		含易腐原料(4分)	数量	1－10	11－15	16－20	21及以上		
			分值	2分	2.5分	3分	4分		
	生食类食品制售(8分)	单品数(8分)	数量	1－10	11－20	21及以上			
			分值	4分	6分	8分			
	糕点类食品制售，包括裱花蛋糕(6分)	单品数(2分)	数量	1－20	21－40	41及以上			
			分值	1分	1.5分	2分			
		含易腐原料(4分)	数量	1－10	11－20	21及以上			
			分值	2分	3分	4分			

续表

评分项(共40分)			参考分值					得分
	热食类食品制售(4分)	单品数(2分)	数量	1-30	31-100	101-200	201及以上	
			分值	0.5分	1分	1.5分	2分	
		含易腐原料(2分)	数量	1-20	21-50	51-80	81及以上	
			分值	0.5分	1分	1.5分	2分	
	自制饮品制售(2分)	单品数(2分)	数量	1-5	6-10	11-20	21及以上	
			分值	0.5分	1分	1.5分	2分	
	其他类食品制售(2分)	单品数(2分)	数量	1-5	6-10	11-20	21及以上	
			分值	0.5分	1分	1.5分	2分	
得分总和								

备注:

注1:各项评分总和为40分。因实际情况存在缺项情形的,该项评分为“0”。

注2:数量单位为个。

注3:单品数是指餐饮服务提供者的最新菜单中所展示的独立销售的食品品种数,不含制作过程中各类食品原料和半成品数量。

注4:具有热食、冷食、生食等多种情形,难以明确归类的食品,可按食品安全风险等级最高的情形进行归类。

注5:易腐原料是指蛋白质或碳水化合物含量较高,通常pH大于4.6且水分活度大于0.85,需要控制温度和时间以防止腐败变质和细菌生长、繁殖、产毒的食品。如乳、蛋、禽、畜、水产品等动物源性食品(含)及豆制品等。

【内容概述】

表1-3包括餐饮服务提供者静态风险评分项目、项目的参考分值等。该分值表作为指导性文件,各省级食品药品监管部门可以基于该表格并根据各省实际,调整制定本省量化分值表。

【释义】

一、餐饮服务提供者静态风险因素

餐饮服务提供者的静态风险因素与业态和规模、制作食品的类别和数量等密切相关。

餐饮服务提供者静态风险因素量化评分项主要分为2大项10小项,分别是业态和规模(餐饮服务提供者、学校、托幼机构等单位食堂、集体用餐配送单位、中央厨房)和制作食品的类别和数量(冷食类食品制售、生食类食品制售、糕点类食品制售、热食类食品制售、自制饮品制售及其他类食品制售）。

单品数：指餐饮服务提供者独立展示销售的食品品种数，不含制作过程中各类食品原料和半成品数量。

易腐原料：指蛋白质或碳水化合物含量一般较高，通常 pH 大于 4.6 且水分活度大于 0.85，需要控制温度和时间以防止腐败变质和细菌生长、繁殖、产毒的食品。如乳、蛋、禽、畜、水产品等动物源性食品（含）及豆制品等。

二、参考分值

餐饮服务提供者静态风险因素各评分总和为 40 分，每个评分项目设置相应的分数，根据各项之和确定总分，评分项因实际情况缺项的，得分为“0”分，其中：业态和规模中，业态分为餐饮服务提供者，学校、托幼机构等单位食堂，集体用餐配送单位及中央厨房四种。规模按经营场所面积大小划分，根据餐饮服务提供者的具体经营业态的规模确定该评分项的得分。

制作食品的类别和数量中，类别分为冷食类食品制售、生食类食品制售、糕点类食品制售、热食类食品制售、自制饮品制售及其他食品制售。根据单品数和含易腐原料的数量确定该评分项的得分。

每个评分项目设置相应的分数，如开展冷食类食品制售，不含易腐原料，单品数在 10 个以下的得 2 分，含易腐原料，单品数 10 个以下的得 4 分；开展自制饮品制售，单品数在 5 个以下得 0.5 分，在 20 个以上得 2 分。

《食品销售环节动态风险因素量化分值表》释义

食品销售环节动态风险因素量化分值表

检查项目	序号	检 查 内 容	评价	分值
食品通用检查项目(34项)				
1. 经营资质	1.1	经营者持有的食品经营许可证是否合法有效。	□是 □否	0.5
	1.2	食品经营许可证载明的有关内容与实际经营是否相符。	□是 □否	0.5
2. 经营条件	2.1	是否具有与经营的食品品种、数量相适应的场所。	□是 □否	0.5
	2.2	经营场所环境是否整洁,是否与污染源保持规定的距离。	□是 □否	0.5
	2.3	是否具有与经营的食品品种、数量相适应的生产经营设备或者设施。	□是 □否	0.5
3. 食品标签等外观质量状况	3.1	检查的食品是否在保质期内。	□是 □否	1.0
	3.2	检查的食品感官性状是否正常。	□是 □否	1.0
	3.3	经营的肉及肉制品是否具有检验检疫证明。	□是 □否	1.0
	3.4	检查的食品是否符合国家为防病等特殊需要的要求。	□是 □否	0.5
	3.5	经营的预包装食品、食品添加剂的包装上是否有标签,标签标明的内容是否符合食品安全法等法律法规的规定。	□是 □否	1.0
	3.6	经营的食品的标签、说明书是否清楚、明显,生产日期、保质期等事项是否显著标注,容易辨识。	□是 □否	0.5
	3.7	销售散装食品,是否在散装食品的容器、外包装上标明食品的名称、生产日期或者生产批号、保质期以及生产经营者名称、地址、联系方式等内容。	□是 □否	1.0

续表

检查项目	序号	检　查　内　容	评价	分值
3. 食品标签等外观质量状况	3.8	经营食品标签、说明书是否涉及疾病预防、治疗功能。	□是 □否	0.5
	3.9	经营场所设置或摆放的食品广告的内容是否涉及疾病预防、治疗功能。	□是 □否	0.5
	3.10	经营的进口预包装食品是否有中文标签，并载明食品的原产地以及境内代理商的名称、地址、联系方式。	□是 □否	1.0
	3.11	经营的进口预包装食品是否有国家出入境检验检疫部门出具的入境货物检验检疫证明。	□是 □否	1.0
4. 食品安全管理机构和人员	4.1	食品经营企业是否有专职或者兼职的食品安全专业技术人员、食品安全管理人员和保证食品安全的规章制度。	□是 □否	0.5
	4.2	食品经营企业是否有食品安全管理人员。	□是 □否	0.5
	4.3	食品经营企业是否存在经食品药品监管部门抽查考核不合格的食品安全管理人员在岗从事食品安全管理工作的情况。	□是 □否	0.5
5. 从业人员管理	5.1	食品经营者是否建立从业人员健康管理制度。	□是 □否	0.5
	5.2	在岗从事接触直接入口食品工作的食品经营人员是否取得健康证明。	□是 □否	0.5
	5.3	在岗从事接触直接入口食品工作的食品经营人员是否存在患有国务院卫生行政部门规定的有碍食品安全疾病的情况。	□是 □否	0.5
	5.4	食品经营企业是否对职工进行食品安全知识培训和考核。	□是 □否	0.5
6. 经营过程控制情况	6.1	是否按要求贮存食品。	□是 □否	1.0
	6.2	是否定期检查库存食品，及时清理变质或者超过保质期的食品。	□是 □否	0.5
	6.3	食品经营者是否按照食品标签标示的警示标志、警示说明或者注意事项的要求贮存和销售食品。对经营过程有温度、湿度要求的食品的，是否有保证食品安全所需的温度、湿度等特殊要求的设备，并按要求贮存。	□是 □否	1.0
	6.4	食品经营者是否建立食品安全自查制度，定期对食品安全状况进行检查评价。	□是 □否	0.5

续表

检查项目	序号	检 查 内 容	评价	分值
6. 经营过程控制情况	6.5	发生食品安全事故的,是否建立和保存处置食品安全事故记录,是否按规定上报所在地食品药品监督部门。	□是 □否	0.5
	6.6	食品经营者采购食品(食品添加剂),是否查验供货者的许可证和食品出厂检验合格证或者其他合格证明(以下称合格证明文件)。	□是 □否	1.0
	6.7	是否建立食用农产品进货查验记录制度,如实记录食用农产品的名称、数量、进货日期以及供货者名称、地址、联系方式等内容,并保存相关凭证。记录和凭证保存期限不得少于六个月。	□是 □否	1.0
	6.8	食品经营企业是否建立并严格执行食品进货查验记录制度。	□是 □否	1.0
	6.9	是否建立并执行不安全食品处置制度。	□是 □否	0.5
	6.10	从事食品批发业务的经营企业是否建立并严格执行食品销售记录制度。	□是 □否	0.5
	6.11	食品经营者是否张贴并保持上次监督检查结果记录。	□是 □否	0.5
特殊场所和特殊食品检查项目(19 项)				
7. 市场开办者、柜台出租者和展销会举办者	7.1	集中交易市场的开办者、柜台出租者和展销会举办者,是否依法审查入场食品经营者的许可证,明确其食品安全管理责任。	□是 □否	0.5
	7.2	是否定期对入场食品经营者经营环境和条件进行检查。	□是 □否	0.5
8. 网络食品交易第三方平台提供者	8.1	网络食品交易第三方平台提供者是否对入网食品经营者进行许可审查或实行实名登记。	□是 □否	0.5
	8.2	网络食品交易第三方平台提供者是否明确入网经营者的食品安全管理责任。	□是 □否	0.5
9. 食品贮存和运输经营者	9.1	贮存、运输和装卸食品的容器、工具和设备是否安全、无害,保持清洁。	□是 □否	0.5
	9.2	容器、工具和设备是否符合保证食品安全所需的温度、湿度等特殊要求。	□是 □否	0.5
	9.3	食品是否与有毒、有害物品一同贮存、运输。	□是 □否	0.5

续表

检查项目	序号	检　查　内　容	评价	分值
10. 食用农产品批发市场	10.1	食用农产品批发市场是否配备检验设备和检验人员或者委托符合本法规定的食品检验机构,对进入该批发市场销售的食用农产品进行抽样检验。	□是 □否	0.5
	10.2	发现不符合食品安全标准的食用农产品时,是否要求销售者立即停止销售,并向食品药品监督管理部门报告。	□是 □否	0.5
11. 特殊食品	11.1	是否经营未按规定注册或备案的保健食品、特殊医学用途配方食品、婴幼儿配方乳粉。	□是 □否	0.5
	11.2	经营的保健食品的标签、说明书是否涉及疾病预防、治疗功能,内容是否真实,是否载明适宜人群、不适宜人群、功效成分或者标志性成分及其含量等,并声明“本品不能代替药物”,与注册或者备案的内容相一致。	□是 □否	0.5
	11.3	经营保健食品是否设专柜销售,并在专柜显著位置标明“保健食品”字样。	□是 □否	0.5
	11.4	是否存在经营场所及其周边,通过发放、张贴、悬挂虚假宣传资料等方式推销保健食品的情况。	□是 □否	0.5
	11.5	经营的保健食品是否索取并留存批准证明文件以及企业产品质量标准。	□是 □否	0.5
	11.6	经营的保健食品广告内容是否真实合法,是否含有虚假内容,是否涉及疾病预防、治疗功能,是否声明“本品不能代替药物”;其内容是否经生产企业所在地省、自治区、直辖市人民政府食品药品监督管理部门审查批准,取得保健食品广告批准文件。	□是 □否	0.5
	11.7	经营的进口保健食品是否未按规定注册或备案。	□是 □否	0.5
	11.8	特殊医学用途配方食品是否经国务院食品药品监督管理部门注册。	□是 □否	0.5
	11.9	特殊医学用途配方食品广告是否符合《广告法》和其他法律、行政法规关于药品广告管理的规定。	□是 □否	0.5
	11.10	专供婴幼儿和其他特定人群的主辅食品,其标签是否标明主要营养成分及其含量。	□是 □否	0.5

【内容概述】

表2－1.1包括食品销售者动态风险检查项目、检查内容、评价和分值。该分值表作为指导性文件，各省级食品药品监管部门可以基于该表格并根据各省实际，调整制定本省量化分值表。

【释义】

一、食品销售者动态风险因素

食品销售者的动态风险因素与其经营资质、经营场所、设施设备、布局和流程、经营过程控制、储存和运输、从业人员管理等密切相关。

二、相关检查内容说明

3.4 国家为防病等特殊需要：《食品安全法》规定，国家为防病等特殊需要明令禁止生产经营的食品，如《盐业管理条例》规定：未经加碘的食用盐，不得进入碘缺乏病地区食用盐市场。

3.7 销售散装食品：该项在检查时既要看散装食品容器、外包装上食品和企业的基本信息，还要看食品的原装《合格证》，查看二者的信息是否一致。

5.2 取得健康证明：指从事接触直接入口食品工作的食品生产经营人员，预包装食品不属于直接入口的食品，从事预包装食品经营的人员不需要取得健康证明。

5.3 有碍食品安全疾病：主要指痢疾、伤寒、病毒性肝炎等消化道传染病和患有活动性肺结核、化脓性或渗出性皮肤病等有碍食品安全的疾病。

8.1 网络食品交易第三方对入网食品经营者身份进行审查：审查义务主要是实名登记义务，网络食品交易第三方平台提供者应当记录入网食品经营者的真实名称、地址和有效联系方式，实现交易可追溯和责任可追究。除销售食用农产品不需要取得许可外，从事食品生产、销售、餐饮服务，应当依法取得许可。对应当取得许可的入网食品经营者，还应审查其许可证。

10.1 食用农产品批发市场对入市农产品的抽检：市场开办方的抽检可以是抽样检验或者是快速检测。同时，要对检验检测结果进行公示。

11.1　特殊医学用途配方食品：针对特殊人群的特殊需要，专门加工配制而成的配方食品，不是药品，不能替代药物的治疗作用，该食品不得声称对疾病有预防和治疗的功能。

三、分值说明

食品销售环节动态量化分值总分为60分，主要由11大项53小项组成，其中食品通用检查项目6大项34小项，特殊场所和特殊食品检查项目5大项19小项。在评价“是”、“否”框中选择画“√”，根据评价结果赋分，再根据每个检查项目分值之和确定总分。评分项因实际情况缺项的，得分为“0”分，如某食品销售者是普通销售者、非市场开办者、食用农产品批发市场、网络食品交易平台提供者等经营主体，该项分值为“0”分。销售者经营的食品为普通食品，无特殊食品，该项分值为“0”分。

《食品生产经营者风险等级确定表》释义

食品生产经营者风险等级确定表

（　　　　年度）（编号）

<table>
<tr><td rowspan="5">企业信息</td><td>企业名称</td><td></td></tr>
<tr><td>企业地址</td><td></td></tr>
<tr><td>营业执照编号或信用代码</td><td></td></tr>
<tr><td>联系人及联系方式</td><td></td></tr>
<tr><td>上年度风险等级</td><td></td></tr>
<tr><td>静态风险</td><td>静态风险因素量化风险分值</td><td></td></tr>
<tr><td>动态风险</td><td>动态风险因素量化风险分值</td><td></td></tr>
<tr><td rowspan="4">企业风险等级</td><td>风险等级得分</td><td>（静态风险＋动态风险）</td></tr>
<tr><td>风险等级</td><td>□A 级　□B 级　□C 级　□D 级</td></tr>
<tr><td colspan="2">是否存在下列情况（在存在的情况前打“√”）：
□ 故意违反食品安全法律法规，且受到罚款、没收违法所得（非法财物）、责令停产停业等行政处罚；
□有 1 次及以上国家或者省级监督抽检不符合食品安全标准的；
□ 违反食品安全法律法规规定，造成不良社会影响的；
□ 发生食品安全事故的；
□ 不按规定进行产品召回或者停止生产经营的；
□ 拒绝、逃避、阻挠执法人员进行监督检查，或者拒不配合执法人员依法进行案件调查的；
□ 具有法律、法规、规章和省级食品药品监督管理部门规定的其他可以上调风险等级情形的。（请在备注中说明具体情形）
建议：□上调个风险等级　□不调整风险等级　□下调个风险等级</td></tr>
<tr><td>下一年度风险等级</td><td></td></tr>
<tr><td>备注</td><td colspan="2"></td></tr>
<tr><td colspan="2">填表人签名：

年　月　日</td><td>审核人签名：

年　月　日</td></tr>
</table>

【内容概述】

上表用于确定和记录食品生产经营者风险等级。

【填表说明】

（一）年度和编号

食品生产经营者风险等级是以年度为跨度确定的。“年度”填写确定食品生产经营者风险等级的年份。

编号：由四位年度号 + 1 位要点表拼音首字母 + 六位流水号组成，如 2016 - S - 000001。生产、销售、餐饮服务、保健食品生产各环节对应的要点表分别为“S（生产）、X（销售）、C（餐饮）、B（保健）”。各省级食品药品监督管理部门也可根据本行政区域监管情况设定编码规则，确保编号唯一性。

（二）企业信息

分别填写企业的基本信息，包括企业名称、企业地址、营业执照编号或信用代码、食品生产许可证编号或食品经营许可证编号、联系人及联系方式以及上年度风险等级。建议从生产经营许可系统中获取企业基本信息。首次确定风险等级的，“上年度风险等级”可不填写。

（三）静态风险

静态风险量化分值按照本办法附件 1 的要求确定。

在填写食品生产企业静态风险因素量化分值时，还应按照从高确定的原则注明企业获得许可的风险分值最高的食品种类。

在填写食品经营者静态风险因素量化分值时，还应根据附件 1 中有关食品销售者和餐饮服务者静态风险因素量化表的内容，附上静态风险因素量化的记录。

（四）动态风险

动态风险量化分值按照省级食品药品监督管理部门制定的食品生产经营动态风险因素评价量化分值表的要求确定。

在填写动态风险因素量化分值时，还应附上动态风险因素量化的记录。

(五)企业风险等级

其具体包括风险等级得分、风险等级、是否存在下列情况和下一年度风险等级。其中:

风险等级得分为静态风险因素量化分值与动态风险因素量化分值的加和。

风险等级:按照分值加和勾选所属的风险等级。

是否存在下列情况:如存在所列的情形,应勾选,并按照办法第二十八、二十九和三十条的规定,填写调整建议,勾选"上调"、"不调整"和"下调",如该企业为D级风险,需上调风险或该企业为A级风险,需下调风险,应勾选"不调整",并填写上调或下调风险等级的数量。同时,附上"上调"和"下调"相关证明材料。

下一年度风险等级:根据表中"风险等级"和"调整建议",填写该生产经营者下一年度风险等级。

(六)备注

可以填写一些情况说明。

(七)签名

填表人签名:应由该表的填写人员签名。

审核人签名:应由该表的审核人员签名。

第二部分

食品生产风险分级示例

风险分级工作依据

静态风险因素量化按照办法附件 1 执行。

动态风险因素量化依据为企业日常监督检查全项检查结果量化，此处列举三种动态风险分值的赋值方法，各省可根据实际进行调整。方法一：每出现一个重点项不符合，动态风险分值为 10 分，每出现一个一般项不符合，动态风险分值为 5 分，累计最高 60 分；方法二：每出现一个重点项不符合，动态风险分值为 15 分，每出现一个一般项不符合，动态风险分值为 2 分，累计最高 60 分；方法三：每出现一个重点项不符合，动态风险分值为 2 分，每出现一个一般项不符合，动态风险分值为 1 分，累计最高 60 分。

案例一

【食品生产经营者基本信息】

获证情况：某肉制品生产企业，获得生产许可的食品类别有：0401 热加工熟肉制品，0404 腌腊肉制品。

日常监督检查发现问题：经日常监督检查全项检查，发现以下不符合项：

不符合项 1："5.2　食品添加剂应当专门贮存，明显标示，专人管理。"

不符合项 2："8.2　有按照食品安全应急预案定期演练，落实食品安全防范措施的记录。"

不符合项 3："3.9　建立和保存生产加工过程关键控制点的控制情况记录。"

当年监督管理记录情况：2016 年度该企业经食品国家监督抽检有 1 批次检出不合格。

方法一

【食品生产经营者风险等级计算】

静态风险分值:按照办法中表1-1.1:食品、食品添加剂生产者静态风险因素量化分值表的要求,对该企业获证产品的风险分值进行赋值。

食品类别	静态风险分值	静态风险等级
0401 热加工熟肉制品	26.0	Ⅳ
0404 腌腊肉制品	23.0	Ⅲ

按照从高原则,该企业静态风险分值为26.0分。

动态风险分值:根据动态风险因素量化规则,该企业有两个重点项不符合,一个一般项不符合,计算动态风险分值为:25分。

该企业风险等级得分:26+25=51分,属于45-60(含)分,为C级风险。

【食品生产经营者风险等级确定】

由于该企业在当年出现国家食品监督抽检不合格1次,风险等级需上调1个等级,因此该企业风险等级为D级。

【食品生产经营者监督检查频次确定】

根据省级食品药品监督管理部门确定的监督检查频次要求,D级风险每年监督检查3-4次,根据当地监管资源,决定对D级风险的企业每年开展4次监督检查。

【风险等级确定表】

食品生产经营者风险等级确定表

（2016 年度）　　　　　　（编号:2016－1－000001）

<table>
<tr><td rowspan="5">企业信息</td><td>企业名称</td><td>某肉制品生产企业</td></tr>
<tr><td>企业地址</td><td>××××××</td></tr>
<tr><td>营业执照编号或信用代码</td><td>××××××</td></tr>
<tr><td>联系人及联系方式</td><td>××××××</td></tr>
<tr><td>上年度风险等级</td><td>—</td></tr>
<tr><td>静态风险</td><td>静态风险因素量化风险分值</td><td>26(0401 热加工熟肉制品)</td></tr>
<tr><td>动态风险</td><td>动态风险因素量化风险分值</td><td>25(详见日常监督检查记录表)</td></tr>
<tr><td rowspan="4">企业风险等级</td><td>风险等级得分</td><td>51</td></tr>
<tr><td>风险等级</td><td>□A 级　□B 级风险
☑C 级　□D 级</td></tr>
<tr><td colspan="2">是否存在下列情况(在存在的情况前打“√”):
□故意违反食品安全法律法规,且受到罚款、没收违法所得(非法财物)、责令停产停业等行政处罚;
☑有 1 次及以上国家或者省级监督抽检不符合食品安全标准的;
□违反食品安全法律法规规定,造成不良社会影响的;
□发生食品安全事故的;
□不按规定进行产品召回或者停止生产经营的;
□拒绝、逃避、阻挠执法人员进行监督检查,或者拒不配合执法人员依法进行案件调查的;
□具有法律、法规、规章和省级食品药品监督管理部门规定的其他可以上调风险等级情形的。(请在备注中说明具体情形)
建议:☑上调__1__个风险等级　□不调整风险等级　□下调____个风险等级</td></tr>
<tr><td>下一年度风险等级</td><td>D 级</td></tr>
<tr><td>备注</td><td colspan="2"></td></tr>
<tr><td colspan="2">填表人签名:
×××
年　月　日</td><td>审核人签名:
×××
年　月　日</td></tr>
</table>

方法二

【食品生产经营者风险等级计算】

静态风险分值:按照办法中表 1 - 1.1:食品、食品添加剂生产者静态风险因素量化分值表的要求,对该企业获证产品的风险分值进行赋值。

食品类别	静态风险分值	静态风险等级
0401 热加工熟肉制品	26.0	Ⅳ
0404 腌腊肉制品	23.0	Ⅲ

因此,该企业静态风险分值为 26.0 分。

动态风险分值:根据动态风险因素量化规则,该企业有两个重点项不符合,一个一般项不符合,计算动态风险分值为:32 分。

该企业风险等级得分:26 + 32 = 58 分,属于 45—60(含)分,为 C 级风险。

【食品生产经营者风险等级确定】

由于该企业在当年出现国家食品监督抽检不合格 1 次,风险等级需上调 1 个等级,因此该企业风险等级为 D 级。

【食品生产经营者监督检查频次确定】

根据省级食品药品监督管理部门确定的监督检查频次要求,D 级风险每年监督检查 3 - 4 次,根据当地监管资源,决定对 D 级风险的企业每年开展 4 次监督检查。

【风险等级确定表】

食品生产经营者风险等级确定表

（2016 年度）　　　　（编号:2016－1－000001）

<table>
<tr><td rowspan="5">企业信息</td><td>企业名称</td><td>某肉制品生产企业</td></tr>
<tr><td>企业地址</td><td>××××××</td></tr>
<tr><td>营业执照编号或信用代码</td><td>××××××</td></tr>
<tr><td>联系人及联系方式</td><td>××××××</td></tr>
<tr><td>上年度风险等级</td><td>—</td></tr>
<tr><td>静态风险</td><td>静态风险因素量化风险分值</td><td>26（0401 热加工熟肉制品）</td></tr>
<tr><td>动态风险</td><td>动态风险因素量化风险分值</td><td>32（详见日常监督检查记录表）</td></tr>
<tr><td rowspan="4">企业风险等级</td><td>风险等级得分</td><td>58</td></tr>
<tr><td>风险等级</td><td>□A 级　□B 级风险
☑C 级　□D 级</td></tr>
<tr><td colspan="2">是否存在下列情况（在存在的情况前打“√”）：
□故意违反食品安全法律法规，且受到罚款、没收违法所得（非法财物）、责令停产停业等行政处罚；
☑有 1 次及以上国家或者省级监督抽检不符合食品安全标准的；
□违反食品安全法律法规规定，造成不良社会影响的；
□发生食品安全事故的；
□不按规定进行产品召回或者停止生产经营的；
□拒绝、逃避、阻挠执法人员进行监督检查，或者拒不配合执法人员依法进行案件调查的；
□具有法律、法规、规章和省级食品药品监督管理部门规定的其他可以上调风险等级情形的。（请在备注中说明具体情形）
建议：☑上调__1__个风险等级　□不调整风险等级　□下调____个风险等级</td></tr>
<tr><td>下一年度风险等级</td><td>D 级</td></tr>
<tr><td>备注</td><td colspan="2"></td></tr>
<tr><td colspan="2">填表人签名：
×××
年　月　日</td><td>审核人签名：
×××
年　月　日</td></tr>
</table>

方法三

【食品生产经营者风险等级计算】

静态风险分值:按照办法中表1-1.1:食品、食品添加剂生产者静态风险因素量化分值表的要求,对该企业获证产品的风险分值进行赋值。

食品类别	静态风险分值	静态风险等级
0401 热加工熟肉制品	26.0	Ⅳ
0404 腌腊肉制品	23.0	Ⅲ

因此,该企业静态风险分值为26.0分。

动态风险分值:根据动态风险因素量化规则,该企业有两个重点项不符合,一个一般项不符合,计算动态风险分值为:5分。

该企业风险等级得分:26+5=31分,属于30-45(含)分,为B级风险。

【食品生产经营者风险等级确定】

由于该企业在当年出现国家食品监督抽检不合格1次,风险等级需上调1个等级,因此该企业风险等级为C级。

【食品生产经营者监督检查频次确定】

根据省级食品药品监督管理部门确定的监督检查频次要求,C级风险每年监督检查2-3次,根据当地监管资源,决定对C级风险的企业每年开展3次监督检查。

【风险等级确定表】

食品生产经营者风险等级确定表

（2016 年度）　　　　　　（编号：2016－1－000001）

<table>
<tr><td rowspan="5">企业信息</td><td>企业名称</td><td>某肉制品生产企业</td></tr>
<tr><td>企业地址</td><td>××××××</td></tr>
<tr><td>营业执照编号或信用代码</td><td>××××××</td></tr>
<tr><td>联系人及联系方式</td><td>××××××</td></tr>
<tr><td>上年度风险等级</td><td>—</td></tr>
<tr><td>静态风险</td><td>静态风险因素量化风险分值</td><td>26（0401 热加工熟肉制品）</td></tr>
<tr><td>动态风险</td><td>动态风险因素量化风险分值</td><td>5（详见日常监督检查记录表）</td></tr>
<tr><td rowspan="4">企业风险等级</td><td>风险等级得分</td><td>31</td></tr>
<tr><td>风险等级</td><td>□A 级　☑B 级风险
□C 级　□D 级</td></tr>
<tr><td colspan="2">是否存在下列情况（在存在的情况前打"√"）：
□故意违反食品安全法律法规，且受到罚款、没收违法所得（非法财物）、责令停产停业等行政处罚；
☑有 1 次及以上国家或者省级监督抽检不符合食品安全标准的；
□违反食品安全法律法规规定，造成不良社会影响的；
□发生食品安全事故的；
□不按规定进行产品召回或者停止生产经营的；
□拒绝、逃避、阻挠执法人员进行监督检查，或者拒不配合执法人员依法进行案件调查的；
□具有法律、法规、规章和省级食品药品监督管理部门规定的其他可以上调风险等级情形的。（请在备注中说明具体情形）
建议：☑上调__1__个风险等级　□不调整风险等级　□下调____个风险等级</td></tr>
<tr><td>下一年度风险等级</td><td>C 级</td></tr>
<tr><td>备注</td><td colspan="2"></td></tr>
<tr><td colspan="2">填表人签名：
×××
年　月　日</td><td>审核人签名：
×××
年　月　日</td></tr>
</table>

案例二

【食品生产经营者基本信息】

获证情况:某乳制品生产企业,获得生产许可的食品类别有:

全脂乳粉,乳清粉,巴氏杀菌乳。

日常监督检查发现问题:经日常监督检查全项检查,发现以下不符合项:

不符合项1:"1.1 厂区无扬尘、无积水,厂区、车间卫生整洁。"

不符合项2:"1.7 定期检查防鼠、防蝇、防虫害装置的使用情况并有相应检查记录,生产场所无虫害迹象。"

不符合项3:"3.12 有温、湿度等生产环境监测要求的,定期进行监测并记录。"

不符合项4:"3.15 工作人员穿戴工作衣帽,生产车间内未发现与生产无关的个人或者其他与生产不相关物品,员工洗手消毒后进入生产车间。"

当年监督管理记录情况:2016年度该企业未有行政处罚,也未出现监督抽检不合格情况。该企业于2016年度获得HACCP体系认证。

方法一

【食品生产经营者风险等级计算】

静态风险分值:按照办法中表1-1.1:食品、食品添加剂生产者静态风险因素量化分值表的要求,对该企业获证产品的风险分值进行赋值。

食品名称	食品类别	静态风险分值	静态风险等级
全脂乳粉	0502 乳粉	28.0	IV
乳清粉	0502 乳粉	28.0	IV
巴氏杀菌乳	0501 液体乳	27.0	IV

因此,该企业静态风险分值为28.0分。

动态风险分值:根据动态风险因素量化规则,该企业有4个一般项不符合,计算动态风险分值为:20分。

该企业风险等级得分:28+20=48分,属于45-60(含)分,为C级风险。

【食品生产经营者风险等级确定】

由于该企业在当年出现获得了 HACCP 体系认证，风险等级可下调 1 个等级，因此该企业风险等级为 B 级。

【食品生产经营者监督检查频次确定】

根据总局提出的监督检查频次要求，B 级风险每年监督检查 1－2 次，根据当地监管资源，决定对 B 级风险的企业每年开展 2 次监督检查。

【风险等级确定表】

食品生产经营者风险等级确定表

（2016 年度）　　　　（编号：2016－1－000002）

<table>
<tr><td rowspan="5">企业信息</td><td>企业名称</td><td>某乳制品生产企业</td></tr>
<tr><td>企业地址</td><td>××××××</td></tr>
<tr><td>营业执照编号或信用代码</td><td>××××××</td></tr>
<tr><td>联系人及联系方式</td><td>××××××</td></tr>
<tr><td>上年度风险等级</td><td>—</td></tr>
<tr><td>静态风险</td><td>静态风险因素量化风险分值</td><td>28（0502 乳粉）</td></tr>
<tr><td>动态风险</td><td>动态风险因素量化风险分值</td><td>20（详见日常监督检查记录表）</td></tr>
<tr><td rowspan="4">企业风险等级</td><td>风险等级得分</td><td>48</td></tr>
<tr><td>风险等级</td><td>□A 级　□B 级风险
☑C 级　□D 级</td></tr>
<tr><td colspan="2">是否存在下列情况（在存在的情况前打“√”）：
□故意违反食品安全法律法规，且受到罚款、没收违法所得（非法财物）、责令停产停业等行政处罚；
□有 1 次及以上国家或者省级监督抽检不符合食品安全标准的；
□违反食品安全法律法规规定，造成不良社会影响的；
□发生食品安全事故的；
□不按规定进行产品召回或者停止生产经营的；
□拒绝、逃避、阻挠执法人员进行监督检查，或者拒不配合执法人员依法进行案件调查的；
□具有法律、法规、规章和省级食品药品监督管理部门规定的其他可以上调风险等级情形的。（请在备注中说明具体情形）
建议：□上调____个风险等级　□不调整风险等级　☑下调__1__个风险等级</td></tr>
<tr><td>下一年度风险等级</td><td>B 级</td></tr>
</table>

续表

<table>
<tr><td>备注</td><td colspan="2">该企业在 2016 年获得了 HACCP 认证。</td></tr>
<tr><td colspan="2">填表人签名:
×××
年　月　日</td><td>审核人签名:
×××
年　月　日</td></tr>
</table>

方法二

【食品生产经营者风险等级计算】

静态风险分值:按照办法中表 1-1.1:食品、食品添加剂生产者静态风险因素量化分值表的要求,对该企业获证产品的风险分值进行赋值。

食品名称	食品类别	静态风险分值	静态风险等级
全脂乳粉	0502 乳粉	28.0	Ⅳ
乳清粉	0502 乳粉	28.0	Ⅳ
巴氏杀菌乳	0501 液体乳	27.0	Ⅳ

因此,该企业静态风险分值为 28.0 分。

动态风险分值:根据动态风险因素量化规则,该企业有 4 个一般项不符合,计算动态风险分值为:8 分。

该企业风险等级得分:28 + 8 = 36 分,属于 30 - 45(含)分,为 B 级风险。

【食品生产经营者风险等级确定】

由于该企业在当年出现获得了 HACCP 体系认证,风险等级可下调 1 个等级,因此该企业风险等级为 A 级。

【食品生产经营者监督检查频次确定】

根据省级食品药品监督管理部门确定的监督检查频次要求,A 级风险每年监督检查 1 次,根据当地监管资源,决定对 A 级风险的企业每年开展 1 次监督检查。

【风险等级确定表】

食品生产经营者风险等级确定表

（2016 年度）　　　　　　（编号:2016－1－000002）

<table>
<tr><td rowspan="5">企业信息</td><td>企业名称</td><td>某乳制品生产企业</td></tr>
<tr><td>企业地址</td><td>××××××</td></tr>
<tr><td>营业执照编号或信用代码</td><td>××××××</td></tr>
<tr><td>联系人及联系方式</td><td>××××××</td></tr>
<tr><td>上年度风险等级</td><td>—</td></tr>
<tr><td>静态风险</td><td>静态风险因素量化风险分值</td><td>28(0502 乳粉)</td></tr>
<tr><td>动态风险</td><td>动态风险因素量化风险分值</td><td>8(详见日常监督检查记录表)</td></tr>
<tr><td rowspan="4">企业风险等级</td><td>风险等级得分</td><td>36</td></tr>
<tr><td>风险等级</td><td>□A 级　☑B 级风险
□C 级　□D 级</td></tr>
<tr><td colspan="2">是否存在下列情况(在存在的情况前打“√”):
□故意违反食品安全法律法规,且受到罚款、没收违法所得(非法财物)、责令停产停业等行政处罚;
□有 1 次及以上国家或者省级监督抽检不符合食品安全标准的;
□违反食品安全法律法规规定,造成不良社会影响的;
□发生食品安全事故的;
□不按规定进行产品召回或者停止生产经营的;
□拒绝、逃避、阻挠执法人员进行监督检查,或者拒不配合执法人员依法进行案件调查的;
□具有法律、法规、规章和省级食品药品监督管理部门规定的其他可以上调风险等级情形的。(请在备注中说明具体情形)
建议:□上调____个风险等级　□不调整风险等级　☑下调__1__个风险等级</td></tr>
<tr><td>下一年度风险等级</td><td>A 级</td></tr>
<tr><td>备注</td><td colspan="2">该企业在 2016 年获得了 HACCP 认证。</td></tr>
<tr><td colspan="2">填表人签名:
×××
年　月　日</td><td>审核人签名:
×××
年　月　日</td></tr>
</table>

方法三

【食品生产经营者风险等级计算】

静态风险分值:按照办法中表1－1.1:食品、食品添加剂生产者静态风险因素量化分值表的要求,对该企业获证产品的风险分值进行赋值。

食品名称	食品类别	静态风险分值	静态风险等级
全脂乳粉	0502 乳粉	28.0	Ⅳ
乳清粉	0502 乳粉	28.0	Ⅳ
巴氏杀菌乳	0501 液体乳	27.0	Ⅳ

因此,该企业静态风险分值为28.0分。

动态风险分值:根据动态风险因素量化规则,该企业有4个一般项不符合,计算动态风险分值为:4分。

该企业风险等级得分:28＋4＝32分,属于30－45(含)分,为B级风险。

【食品生产经营者风险等级确定】

由于该企业在当年出现获得了HACCP体系认证,风险等级可下调1个等级,因此该企业风险等级为A级。

【食品生产经营者监督检查频次确定】

根据省级食品药品监督管理部门确定的监督检查频次要求,A级风险每年监督检查1次,根据当地监管资源,决定对A级风险的企业每年开展1次监督检查。

【风险等级确定表】

食品生产经营者风险等级确定表

（2016 年度）　　　　（编号:2016－1－000002）

<table>
<tr><td rowspan="5">企业信息</td><td>企业名称</td><td>某乳制品生产企业</td></tr>
<tr><td>企业地址</td><td>××××××</td></tr>
<tr><td>营业执照编号或信用代码</td><td>××××××</td></tr>
<tr><td>联系人及联系方式</td><td>××××××</td></tr>
<tr><td>上年度风险等级</td><td>—</td></tr>
<tr><td>静态风险</td><td>静态风险因素量化风险分值</td><td>28(0502 乳粉)</td></tr>
<tr><td>动态风险</td><td>动态风险因素量化风险分值</td><td>4(详见日常监督检查记录表)</td></tr>
<tr><td rowspan="4">企业风险等级</td><td>风险等级得分</td><td>32</td></tr>
<tr><td>风险等级</td><td>□A 级　☑B 级风险
□C 级　□D 级</td></tr>
<tr><td colspan="2">是否存在下列情况(在存在的情况前打“√”):
□故意违反食品安全法律法规,且受到罚款、没收违法所得(非法财物)、责令停产停业等行政处罚;
□有 1 次及以上国家或者省级监督抽检不符合食品安全标准的;
□违反食品安全法律法规规定,造成不良社会影响的;
□发生食品安全事故的;
□不按规定进行产品召回或者停止生产经营的;
□拒绝、逃避、阻挠执法人员进行监督检查,或者拒不配合执法人员依法进行案件调查的;
□具有法律、法规、规章和省级食品药品监督管理部门规定的其他可以上调风险等级情形的。(请在备注中说明具体情形)
建议:□上调____个风险等级　□不调整风险等级　☑下调__1__个风险等级</td></tr>
<tr><td>下一年度风险等级</td><td>A 级</td></tr>
<tr><td>备注</td><td colspan="2">该企业在 2016 年获得了 HACCP 认证。</td></tr>
<tr><td colspan="2">填表人签名:
×××
年　月　日</td><td>审核人签名:
×××
年　月　日</td></tr>
</table>

案例三

【食品生产经营者基本信息】

获证情况:某饮料生产企业,获得生产许可的食品类别有:

0601 瓶(桶)装饮用水,0603 茶(类)饮料,0602 碳酸饮料(汽水)。

日常监督检查发现问题:经日常监督检查全项检查,发现以下不符合项:

不符合项1:"3.2　使用的原辅料、食品添加剂、食品相关产品的品种与索证索票、进货查验记录内容一致。"

不符合项2:"3.5　未发现超范围、超限量使用食品添加剂的情况。"

不符合项3:"3.14　未发现标注虚假生产日期或批号的情况。"

当年监督管理记录情况:2016年度该企业未有行政处罚,也未出现监督抽检不合格情况。

方法一

【食品生产经营者风险等级计算】

静态风险分值:按照办法中表1-1.1:食品、食品添加剂生产者静态风险因素量化分值表的要求,对该企业获证产品的风险分值进行赋值。

食品类别	静态风险分值	静态风险等级
0601 瓶(桶)装饮用水	22.5	Ⅲ
0603 茶(类)饮料	19.5	Ⅱ
0602 碳酸饮料(汽水)	19.5	Ⅱ

因此,该企业静态风险分值为22.5分。

动态风险分值:根据动态风险因素量化规则,该企业有3个重点项不符合,计算动态风险分值为:30分。

该企业风险等级得分:22.5+30=52.5分,属于45-60(含)分,为C级风险。

【食品生产经营者风险等级确定】

由于该企业2016年度该企业未有行政处罚,也未出现监督抽检不合格情况，因此风险等级不做调整。

【食品生产经营者监督检查频次确定】

根据省级食品药品监督管理部门确定的监督检查频次要求，C 级风险每年监督检查 2－3 次，根据当地监管资源，决定对 C 级风险的企业每年开展 3 次监督检查。

【风险等级确定表】

食品生产经营者风险等级确定表

（2016 年度）　　　　（编号：2016－1－000003）

<table>
<tr><td rowspan="5">企业信息</td><td>企业名称</td><td>某乳饮料生产企业</td></tr>
<tr><td>企业地址</td><td>××××××</td></tr>
<tr><td>营业执照编号或信用代码</td><td>××××××</td></tr>
<tr><td>联系人及联系方式</td><td>××××××</td></tr>
<tr><td>上年度风险等级</td><td>—</td></tr>
<tr><td>静态风险</td><td>静态风险因素量化风险分值</td><td>22.5（0502 乳粉）</td></tr>
<tr><td>动态风险</td><td>动态风险因素量化风险分值</td><td>30（详见日常监督检查记录表）</td></tr>
<tr><td rowspan="4">企业风险等级</td><td>风险等级得分</td><td>52.5</td></tr>
<tr><td>风险等级</td><td>□A 级　□B 级风险
☑C 级　□D 级</td></tr>
<tr><td colspan="2">是否存在下列情况（在存在的情况前打“√”）：
□故意违反食品安全法律法规，且受到罚款、没收违法所得（非法财物）、责令停产停业等行政处罚；
□有 1 次及以上国家或者省级监督抽检不符合食品安全标准的；
□违反食品安全法律法规规定，造成不良社会影响的；
□发生食品安全事故的；
□不按规定进行产品召回或者停止生产经营的；
□拒绝、逃避、阻挠执法人员进行监督检查，或者拒不配合执法人员依法进行案件调查的；
□具有法律、法规、规章和省级食品药品监督管理部门规定的其他可以上调风险等级情形的。（请在备注中说明具体情形）
建议：□上调____个风险等级　☑不调整风险等级　□下调____个风险等级</td></tr>
<tr><td>下一年度风险等级</td><td>C 级</td></tr>
</table>

续表

备注	无。	
填表人签名: ××× 年 月 日		审核人签名: ××× 年 月 日

方法二

【食品生产经营者风险等级计算】

静态风险分值:按照办法中表1-1.1:食品、食品添加剂生产者静态风险因素量化分值表的要求,对该企业获证产品的风险分值进行赋值。

食品类别	静态风险分值	静态风险等级
0601 瓶(桶)装饮用水	22.5	Ⅲ
0603 茶(类)饮料	19.5	Ⅱ
0602 碳酸饮料(汽水)	19.5	Ⅱ

因此,该企业静态风险分值为22.5分。

动态风险分值:根据动态风险因素量化规则,该企业有3个重点项不符合,计算动态风险分值为:45分。

该企业风险等级得分:22.5+45=67.5分,属于60分以上,为D级风险。

【食品生产经营者风险等级确定】

由于该企业2016年度该企业未有行政处罚,也未出现监督抽检不合格情况,因此风险等级不做调整。

【食品生产经营者监督检查频次确定】

根据省级食品药品监督管理部门确定的监督检查频次要求,D级风险每年监督检查3-4次,根据当地监管资源,决定对C级风险的企业每年开展3次监督检查。

【风险等级确定表】

食品生产经营者风险等级确定表

（2016 年度）　　　　　　（编号:2016 - 1 - 000003）

<table>
<tr><td rowspan="5">企业信息</td><td>企业名称</td><td>某乳饮料生产企业</td></tr>
<tr><td>企业地址</td><td>××××××</td></tr>
<tr><td>营业执照编号或信用代码</td><td>××××××</td></tr>
<tr><td>联系人及联系方式</td><td>××××××</td></tr>
<tr><td>上年度风险等级</td><td>—</td></tr>
<tr><td>静态风险</td><td>静态风险因素量化风险分值</td><td>22.5(0502 乳粉)</td></tr>
<tr><td>动态风险</td><td>动态风险因素量化风险分值</td><td>45(详见日常监督检查记录表)</td></tr>
<tr><td rowspan="4">企业风险等级</td><td>风险等级得分</td><td>67.5</td></tr>
<tr><td>风险等级</td><td>□A 级　□B 级风险
□C 级　☑D 级</td></tr>
<tr><td colspan="2">是否存在下列情况(在存在的情况前打“√”):
□故意违反食品安全法律法规,且受到罚款、没收违法所得(非法财物)、责令停产停业等行政处罚;
□有 1 次及以上国家或者省级监督抽检不符合食品安全标准的;
□违反食品安全法律法规规定,造成不良社会影响的;
□发生食品安全事故的;
□不按规定进行产品召回或者停止生产经营的;
□拒绝、逃避、阻挠执法人员进行监督检查,或者拒不配合执法人员依法进行案件调查的;
□具有法律、法规、规章和省级食品药品监督管理部门规定的其他可以上调风险等级情形的。(请在备注中说明具体情形)
建议:□上调____个风险等级　☑不调整风险等级　□下调____个风险等级</td></tr>
<tr><td>下一年度风险等级</td><td>D 级</td></tr>
<tr><td>备注</td><td colspan="2">无。</td></tr>
<tr><td colspan="2">填表人签名:
×××
年　月　日</td><td>审核人签名:
×××
年　月　日</td></tr>
</table>

方法三

【食品生产经营者风险等级计算】

静态风险分值:按照办法中表 1 - 1.1:食品、食品添加剂生产者静态风险因素量化分值表的要求,对该企业获证产品的风险分值进行赋值。

食品类别	静态风险分值	静态风险等级
0601 瓶(桶)装饮用水	22.5	Ⅲ
0603 茶(类)饮料	19.5	Ⅱ
0602 碳酸饮料(汽水)	19.5	Ⅱ

因此,该企业静态风险分值为 22.5 分。

动态风险分值:根据动态风险因素量化规则,该企业有 3 个重点项不符合。计算动态风险分值为:6 分。

该企业风险等级得分:22.5 + 6 = 28.5 分,属于 0 - 30(含)分,为 A 级风险。

【食品生产经营者风险等级确定】

由于该企业 2016 年度该企业未有行政处罚,也未出现监督抽检不合格情况,因此风险等级不做调整。

【食品生产经营者监督检查频次确定】

根据省级食品药品监督管理部门确定的监督检查频次要求,A 级风险每年监督检查 1 次,根据当地监管资源,决定对 A 级风险的企业每年开展 1 次监督检查。

【风险等级确定表】

食品生产经营者风险等级确定表

（2016年度）　　　　（编号：2016－1－000003）

<table>
<tr><td rowspan="5">企业信息</td><td>企业名称</td><td>某乳饮料生产企业</td></tr>
<tr><td>企业地址</td><td>××××××</td></tr>
<tr><td>营业执照编号或信用代码</td><td>××××××</td></tr>
<tr><td>联系人及联系方式</td><td>××××××</td></tr>
<tr><td>上年度风险等级</td><td>—</td></tr>
<tr><td>静态风险</td><td>静态风险因素量化风险分值</td><td>22.5（0502乳粉）</td></tr>
<tr><td>动态风险</td><td>动态风险因素量化风险分值</td><td>6（详见日常监督检查记录表）</td></tr>
<tr><td rowspan="4">企业风险等级</td><td>风险等级得分</td><td>28.5</td></tr>
<tr><td>风险等级</td><td>☑A级　□B级风险
□C级　□D级</td></tr>
<tr><td colspan="2">是否存在下列情况（在存在的情况前打“√”）：
□故意违反食品安全法律法规，且受到罚款、没收违法所得（非法财物）、责令停产停业等行政处罚；
□有1次及以上国家或者省级监督抽检不符合食品安全标准的；
□违反食品安全法律法规规定，造成不良社会影响的；
□发生食品安全事故的；
□不按规定进行产品召回或者停止生产经营的；
□拒绝、逃避、阻挠执法人员进行监督检查，或者拒不配合执法人员依法进行案件调查的；
□具有法律、法规、规章和省级食品药品监督管理部门规定的其他可以上调风险等级情形的。（请在备注中说明具体情形）
建议：□上调____个风险等级　☑不调整风险等级　□下调____个风险等级</td></tr>
<tr><td>下一年度风险等级</td><td>A级</td></tr>
<tr><td>备注</td><td colspan="2">无。</td></tr>
<tr><td colspan="2">填表人签名：
×××
年　月　日</td><td>审核人签名：
×××
年　月　日</td></tr>
</table>

第三部分

食品生产经营风险分级管理信息系统

在本办法的制定过程中，为了协助开展食品生产经营风险分级管理试点工作，以探索信息化手段开展分级工作为目的，研究开发了“食品生产经营风险分级管理信息系统”，供试点省份开展试点验证工作。

该系统以本办法为依据，基于系统原型的定位，开发出系列功能模块。该系统可供各级开发食品生产经营风险分级管理信息系统时参考和试用。

一、系统介绍

（一）系统运行环境要求

1. 硬件环境要求

最近五年内采购的且能正常工作的PC电脑，屏幕1024×768或以上。

具备宽带上网条件，能保证2M以上的专用宽带，网速会影响工作效率。

2. 软件环境要求

操作系统：Windows XP及更新版本

浏览器：MS IE8及以上版本浏览器。

支持软件：Office 2010或以上版本。

（二）系统运行模式

食品生产经营企业基本信息由各省、地市、区（县）食品药品监督管理部门按管辖企业分工维护，信息记录由属地食品药品监督管理部门进行维护，上级食品药品监督管理部门按地域分级授权原则进行授权检索。

（三）系统的主要功能

1. 企业信息检索

对管辖范围内的企业基本信息、监督管理记录、静态风险因素登记、动态风险因素评价、企业风险等级等信息进行检索。

2. 企业分级信息录入

对管辖范围内的企业风险分级监管理信息进行日常维护。

3. 企业风险等级

各省级食品药品监督管理部门可对本省企业监管频次进行维护,食品药品监管总局对企业风险等级统一维护。

(四)系统用户及权限

系统按食品药品监督管理部门级别进行四级工作权限划分:

食品药品监管总局:能检索全国各企业的分级监管信息,但不能直接进行修改和维护。

省级食品药品监督管理部门:能检索本省各企业的分级监管信息,不能直接进行修改和维护,但由省级食品药品监督管理部门直接监管的企业除外。

地市级食品药品监督管理部门:能检索本市所属各企业的分级监管信息,不能直接进行修改和维护,但由其直接监管的企业除外。

区县级食品药品监督管理部门:能检索、修改和维护本区县所属各企业的分级监管信息,不能检索非隶属在本行政区域内的企业信息。

企业风险分级信息,包括:企业分类、企业基本项,监督管理记录,静态风险因素登记,生产许可登记,动态风险因素评价,年度信用档案及企业风险等级确定等信息,并在指定有效时间段内能进行修改,过时自动归档,不能再修改。

某一个企业的分级监管信息只能由它所属的直接监管单位进行录入和维护,其他单位不能进行维护,且只能在授权范围内进行检索。

(五)系统的运行与维护

"食品生产经营风险分级监管数据系统"用户通过用户名和密码登录系统,应在安全可靠的环境下登录系统。该系统具有灵活的运行模式和机制,会根据分级监管工作的需要,进行不定期的更新和维护。

二、如何申请账户并登录系统

新加入试点单位与中国标准化研究院联系填写申请表格后,方能获得系统登录所需的用户名和密码。各单位应尽量固定系统的使用人员,并定期更换密码。

在浏览器里输入本系统的网址:http://106.38.59.102/jg,进入登录页面,如下图所示:

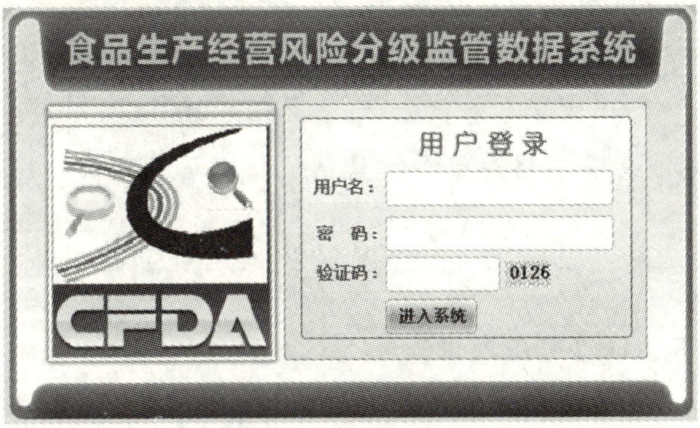

在“用户名”后面的输入框里输入正确的用户名，在“密码”后面的输入框里输入正确的密码，在“验证码”后面的输入框输入提示的4位验证码，然后单击“进入系统”按钮，开始登录。

系统会根据登录用户的权限初始化系统菜单，成功登录后，系统会根据用户登录ID自动初始化该用户所授权的功能菜单：

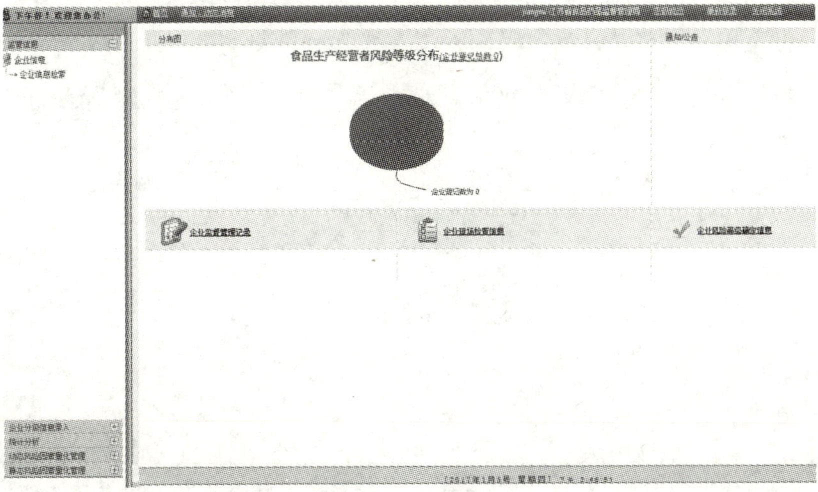

如上图所示，进入系统后，左侧为授权工作菜单区域，右侧界面分为几块：企业分布饼图、通知公告、企业信用记录、企业现场检查信息、企业风险等级确定信息，按授权范围进行检索和查看。

左侧和顶部为系统的导航菜单，系统登录后首页右侧区域为常用快捷菜单，其中左侧的菜单是系统主要功能的导航菜单，顶部的菜单是系统辅助功能的快捷菜单，可以点击菜单到达相应的功能页面，例如，可以单击左侧菜单中的“企业信息检索”链接到达企业分级信息检索页面。

> 注意:若您是第一次登录本系统,成功登录后,您可以首先修改您的个人密码来确保安全。修改密码的具体操作可点击顶部“修改密码”链接来完成。

三、如何录入企业分级监管信息

登录系统后左侧为导航条(默认自动展开全部菜单项),点击“企业分级信息录入”条块菜单,展开相应的功能列表后,点击相应功能入口即可。

(1)先录入企业基本项或按指定 EXCEL 模板导入企业基本项,生成企业基础信息库;

(2)在(1)的基础上,进行分级监管信息的日常录入和维护。

(一)企业基本数据项录入

登录成功后可通过如下操作方式进行数据录入。

操作方式:点击“企业分级信息录入”菜单项下的“企业分级信息录入”进入操作界面:

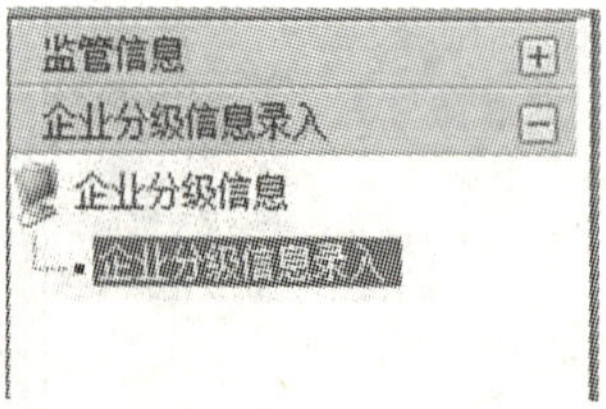

进入右侧操作界面:

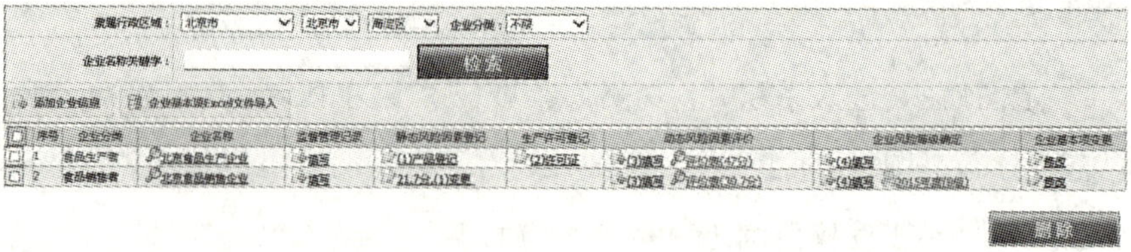

• 授权监管行政区域

按国家、省级、地市级及区县级四级食品药品监督管理部门自动分级授权,省级监管部门可以对省级直接监管的企业分级信息进行维护;地市级监管部门可以对其直接监管企业的分级信息进行维护；区县级监管部门只能对本区县监管企业的分级信息进行维护。

● 添加企业信息

如果需要监管的企业还没有录入企业基本项，需要点击如下按钮：

，会弹出添加企业信息对话框：

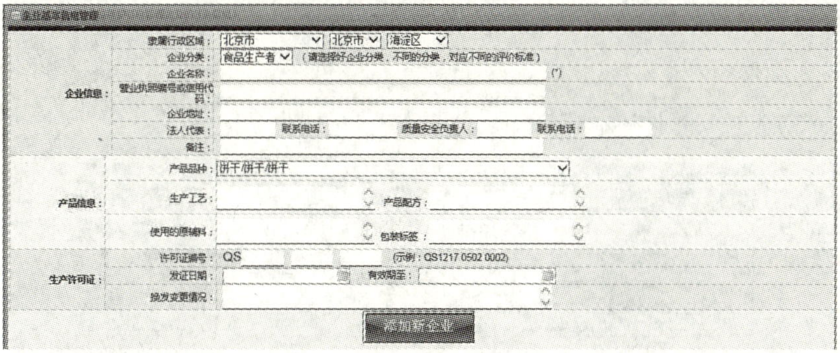

首次添加时，按企业信息、产品信息、生产许可证信息分版块录入，对于必填项，如果没有录入，点击“添加新企业”按钮时会自动提示，如果企业名称已经存在系统里，则会提示不能录入：

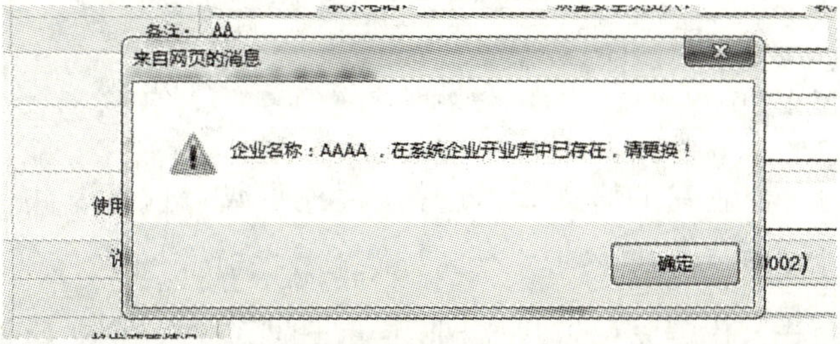

按要求填写完毕后，点击“

”按钮，成功保存后，提示：

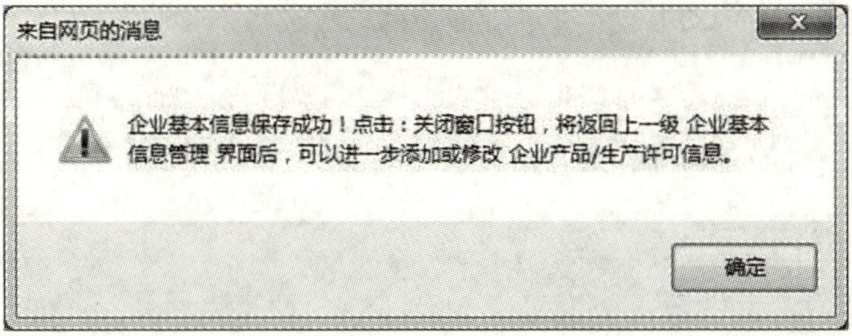

点击“确定”按钮，如果需要继续录入新的企业，可以在已有数据基础上

进行修改,按上述步骤操作即可。如果添加完毕,点击右下角按钮:

,返回主操作界面,结束企业基本项的操作。

- 企业基本项 EXCEL 文件导入

导入工作流程:(1)下载企业基本信息 Excel 导入模板,在 Excel 模板的基础上,按要求编辑好相应的企业基本项数据;(2)进行文件上传,如果有不符合要求的数据项,会自动进行错误信息提示;(3)点击“导入系统”按钮,完成导入操作。

(1)点击“企业基本项 Excel 文件导入”按钮:

弹出导入对话操作界面:

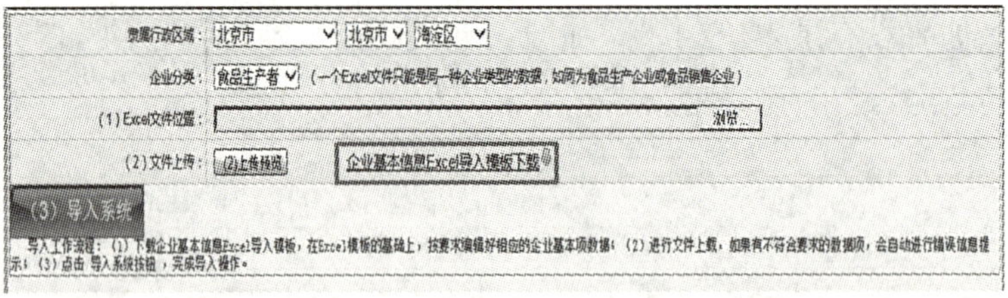

(2)点击“企业基本信息 Excel 导入模板下载”链接,下载企业基本项 EXCEL 文件模板,打开后按要求填写好基本数据项:企业名称、生产地址、企业法人代表、法人代表联系方式、企业质量安全负责人、企业质量安全负责人联系方式。

(3)设置好 EXEL 文件里企业所属的行政区域:

(4)指定好文件所在路径:

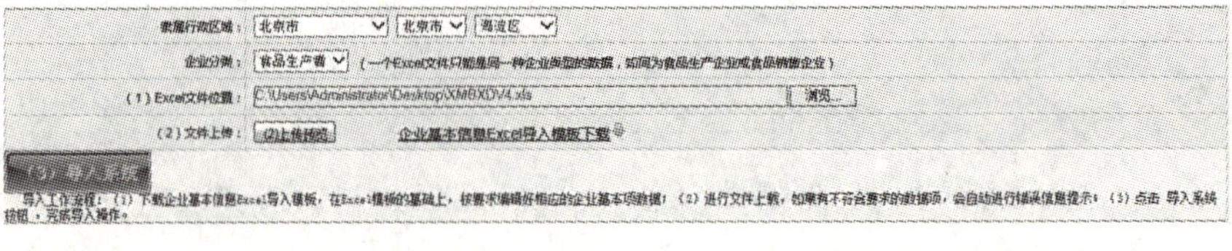

(5)点击：(2) 文件上传：(2)上传预览 “上传预览”按钮：

会自动读取 EXCEL 文件里的数据，并显示在表格里，如果 EXCEL 上传数据有问题，会自动进行提示。

(6)对表格里的数据确认无误后，点击按钮：(3) 导入系统，完成企业基本 EXCEL 数据的导入操作。

(二)企业基本数据项修改

如果已入库的企业基本数据项有误或需要变更，点击相应企业条目的修改链接：

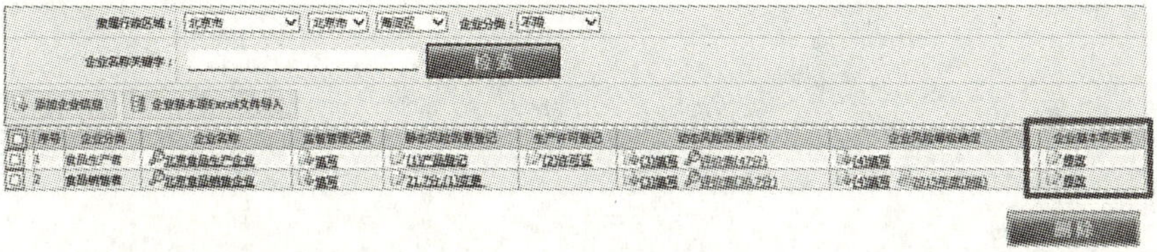

进行企业基本项的修改操作。

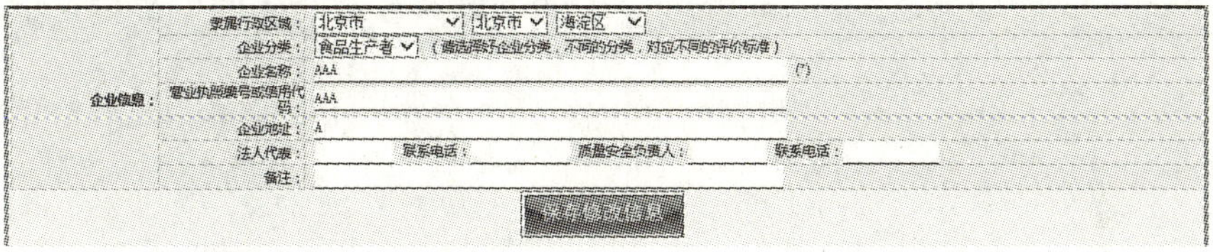

(三)企业静态风险因素登记

企业静态风险因素需要先进行登记：

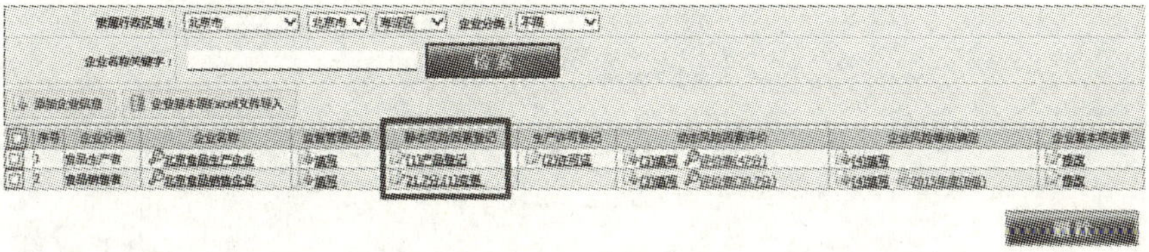

对于食品生产企业，需登记企业生产产品信息，在该企业对应的静态风险因素登记栏下，点击(1)产品链接入口，进行该企业所属产品登记管理，可以添加、修改或删除该企业所属的产品基本信息。

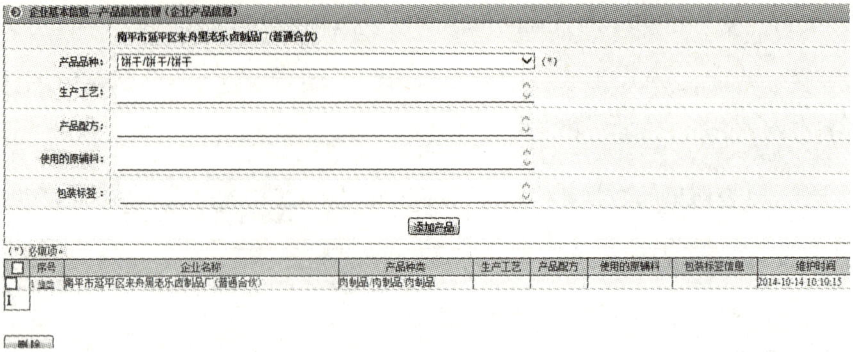

对于食品销售企业,需登记企业食品经营场所面积、预包装食品数量等静态风险因素:

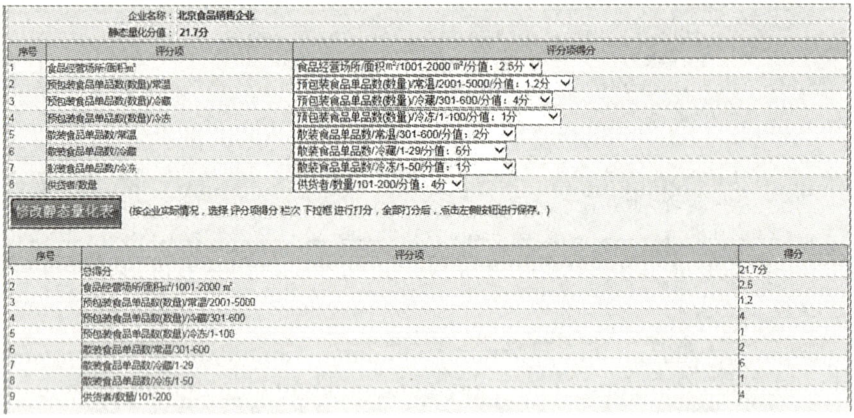
企业名称: 北京食品销售企业

静态量化分值: 21.7分

序号	评分项	评分项得分
1	食品经营场所/面积m²	食品经营场所/面积m²/1001-2000 m²/分值: 2.5分
2	预包装食品单品数(数量)/常温	预包装食品单品数(数量)/常温/2001-5000/分值: 1.2分
3	预包装食品单品数(数量)/冷藏	预包装食品单品数(数量)/冷藏/301-600/分值: 4分
4	预包装食品单品数(数量)/冷冻	预包装食品单品数(数量)/冷冻/1-100/分值: 1分
5	散装食品单品数/常温	散装食品单品数/常温/301-600/分值: 2分
6	散装食品单品数/冷藏	散装食品单品数/冷藏/1-29/分值: 6分
7	散装食品单品数/冷冻	散装食品单品数/冷冻/1-50/分值: 1分
8	供货者/数量	供货者/数量/101-200/分值: 4分

(按企业实际情况,选择 评分项得分 栏次 下拉框 进行打分,全部打分后,点击左侧按钮进行保存。)

序号	评分项	得分
1	总得分	21.7分
2	食品经营场所/面积m²/1001-2000 m²	2.5
3	预包装食品单品数(数量)/常温/2001-5000	1.2
4	预包装食品单品数(数量)/冷藏/301-600	4
5	预包装食品单品数(数量)/冷冻/1-100	1
6	散装食品单品数/常温/301-600	2
7	散装食品单品数/冷藏/1-29	6
8	散装食品单品数/冷冻/1-50	1
9	供货者/数量/101-200	4

(四)企业生产许可证登记

对于食品生产企业,如果有一个或多个生产许可证,需要先进行登记:

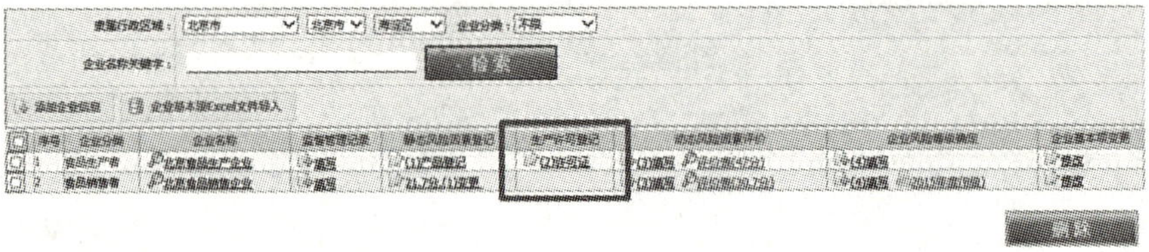

在该企业对应的生产许可登记栏下,点击(2)许可证链接入口,进行该企业所属生产许可登记管理,可以添加、修改或删除该企业所属的生产许可证基本信息。

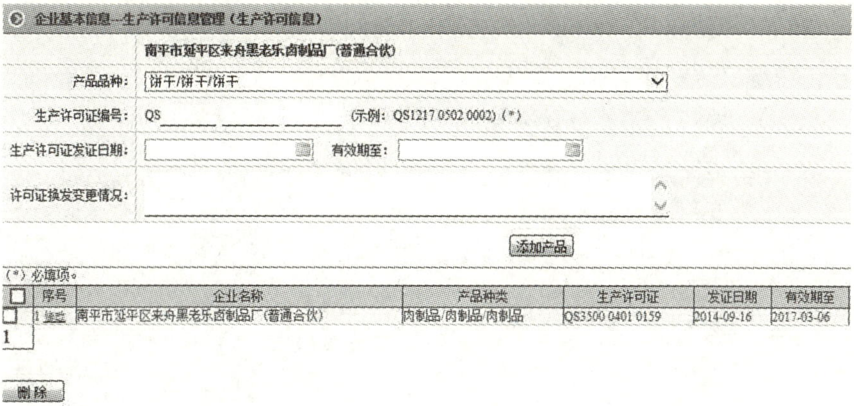

（五）动态风险因素评价填写

对企业进行现场检查后，需要进行网上评价表登记：

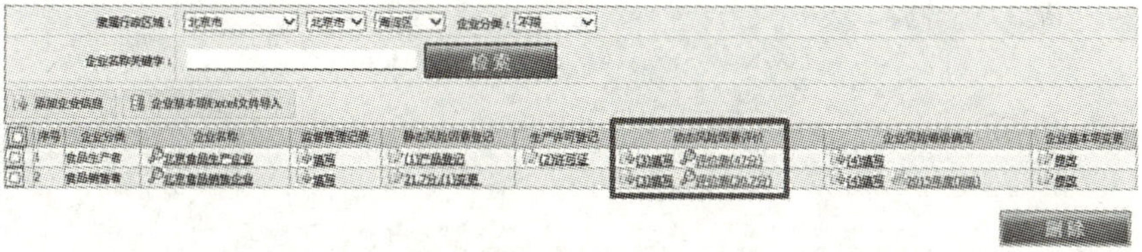

在该企业对应的动态风险因素评价表栏下，点击（3）填写链接入口，进行该企业动态风险因素评价表的管理：

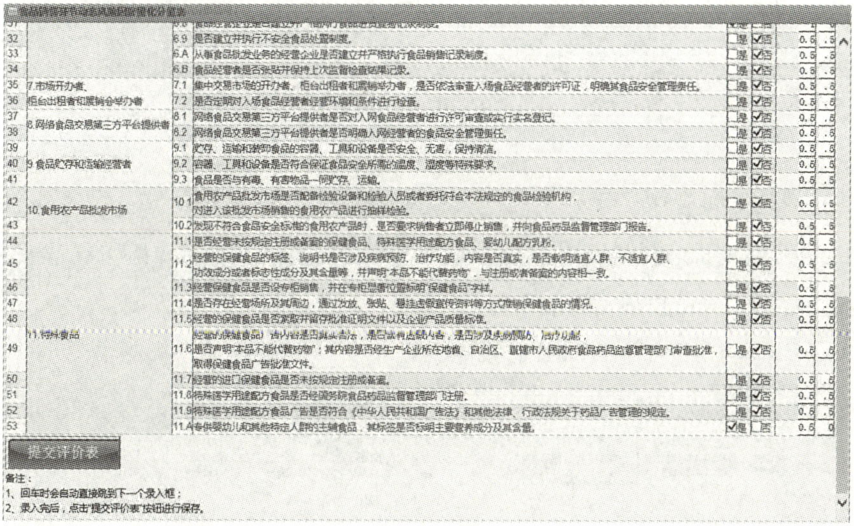

提交动态风险因素评价表后,在授权可修改的时间范围之内可以进行修改,过期自动归档,不能再修改。

(六)动态风险因素评价表查看

企业动态风险因素评价表登记后,可以进行查看和打印:

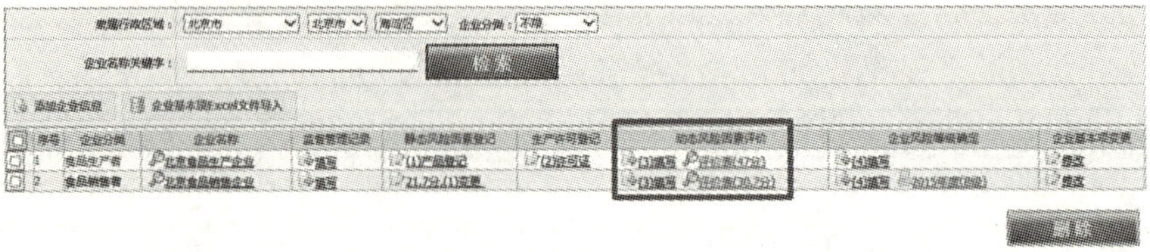

点击评价表,可以查看动态风险因素评价表:

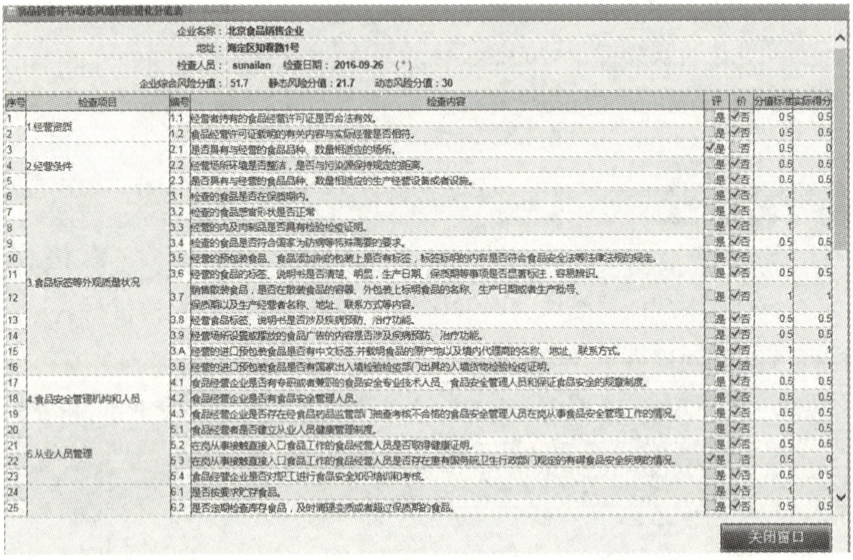

企业名称:北京食品销售企业
地址:海淀区知春路1号
检查人员: sunailan 检查日期:2016-09-26 (*)
企业综合风险分值:51.7 静态风险分值:21.7 动态风险分值:30

序号	检查项目	编号	检查内容	评	价	分值标准	实际得分
1	1.经营资质	1.1	经营者持有的食品经营许可证是否合法有效。	是	√否	0.5	0.5
2		1.2	食品经营许可证载明的有关内容与实际经营是否相符。	是	√否	0.5	0.5
3	2.经营条件	2.1	是否具有与经营的食品品种、数量相适应的场所。	√是	否	0.5	0
4		2.2	经营场所环境是否整洁,是否与污染源保持规定的距离。	是	√否	0.5	0.5
5		2.3	是否具有与经营的食品品种、数量相适应的生产经营设备或者设施。	是	√否	0.5	0.5
6	3.食品标签等外观质量状况	3.1	检查的食品是否在保质期内。	是	√否	1	1
7		3.2	检查的食品感官形状是否正常	是	√否	1	1
8		3.3	经营的肉及肉制品是否具有检验检疫证明。	是	√否	1	1
9		3.4	检查的食品是否符合国家为防病等特殊需要的要求。	是	√否	0.5	0.5
10		3.5	经营的预包装食品、食品添加剂的包装上是否有标签,标签标明的内容是否符合食品安全法等法律法规的规定。	是	√否	1	1
11		3.6	经营的食品的标签、说明书是否清楚、明显,生产日期、保质期等事项是否显著标注,容易辨识。	是	√否	0.5	0.5
12		3.7	销售散装食品,是否在散装食品的容器、外包装上标明食品的名称、生产日期或者生产批号、保质期以及生产经营者名称、地址、联系方式等内容。	是	√否	1	1
13		3.8	经营食品标签、说明书是否涉及疾病预防、治疗功能。	是	√否	0.5	0.5
14		3.9	经营场所设置或摆放的食品广告的内容是否涉及疾病预防、治疗功能。	是	√否	0.5	0.5
15		3.A	经营的进口预包装食品是否有中文标签,并载明食品的原产地以及境内代理商的名称、地址、联系方式。	是	√否	1	1
16		3.B	经营的进口预包装食品是否有国家出入境检验检疫部门出具的入境货物检验检疫证明。	是	√否	1	1
17	4.食品安全管理机构和人员	4.1	食品经营企业是否有专职或者兼职的食品安全专业技术人员、食品安全管理人员和保证食品安全的规章制度。	是	√否	0.5	0.5
18		4.2	食品经营企业是否有食品安全管理人员。	是	√否	0.5	0.5
19		4.3	食品经营企业是否存在经食品药品监管部门抽查考核不合格的食品安全管理人员在岗从事食品安全管理工作的情况。	是	√否	0.5	0.5
20	5.从业人员管理	5.1	食品经营者是否建立从业人员健康管理制度。	是	√否	0.5	0.5
21		5.2	在岗从事接触直接入口食品工作的食品经营人员是否取得健康证明。	是	√否	0.5	0.5
22		5.3	在岗从事接触直接入口食品工作的食品经营人员是否存在患有国务院卫生行政部门规定的有碍食品安全疾病的情况。	√是	否	0.5	0
23		5.4	食品经营企业是否对职工进行食品安全知识培训和考核。	是	√否	0.5	0.5
24		6.1	是否按要求贮存食品。	是	√否	1	1
25		6.2	是否定期检查库存食品,及时清理变质或者超过保质期的食品。	是	√否	0.5	0.5

关闭窗口

(七)监督管理记录管理

对企业进行监督管理记录管理,定位相关企业后,点击相应的“监督管理记录”栏下面的“填写”链接:

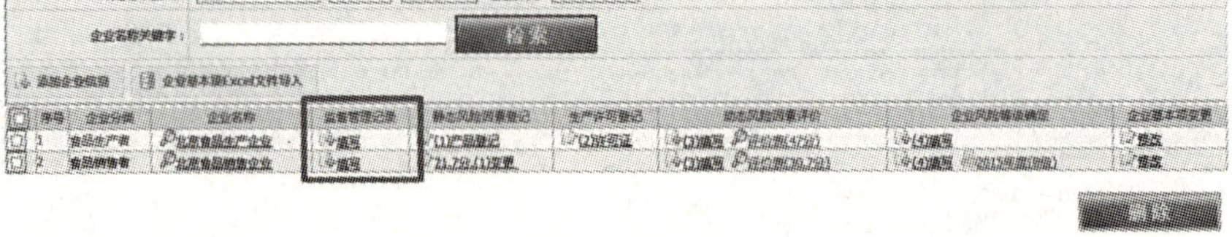

可以进行企业监督管理记录管理：

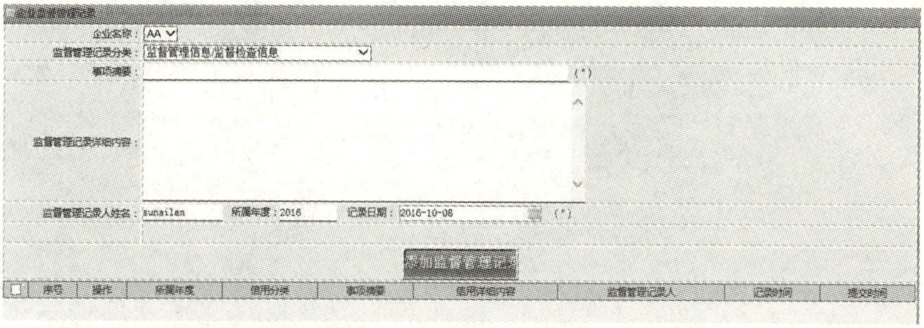

对监督管理记录进行登记，提交后，在授权时段内可以进行修改，过时自动归档，不能再变更。

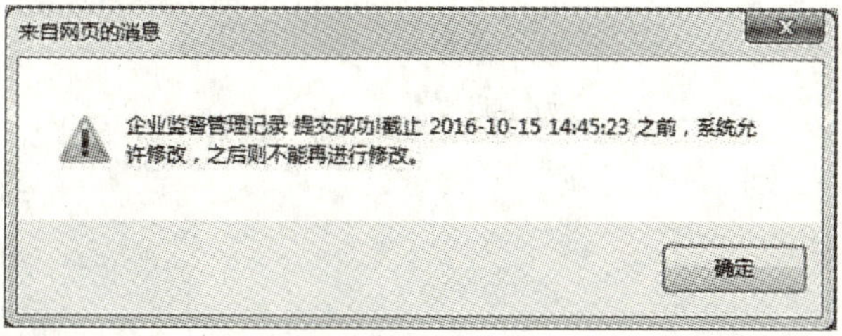

授权期限内可以修改的监督管理记录，会出现修改链接入口，超出授权期限内的信用记录，没有修改入口链接。

（八）企业风险等级确定管理

对企业进行风险等级确定管理，定位相关企业后，点击相应的“企业风险等级确定”栏下面的“（5）填写”链接：

提示：只有该企业已经填写好“静态风险因素登记”“动态风险因素评价”后，才会出现“（5）填写”链接。

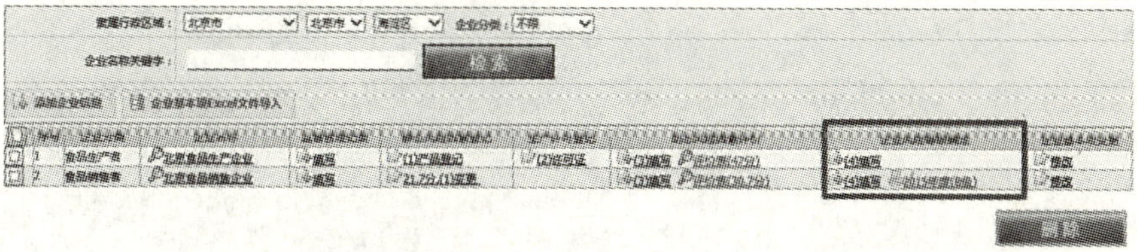

会弹出如下对话框：

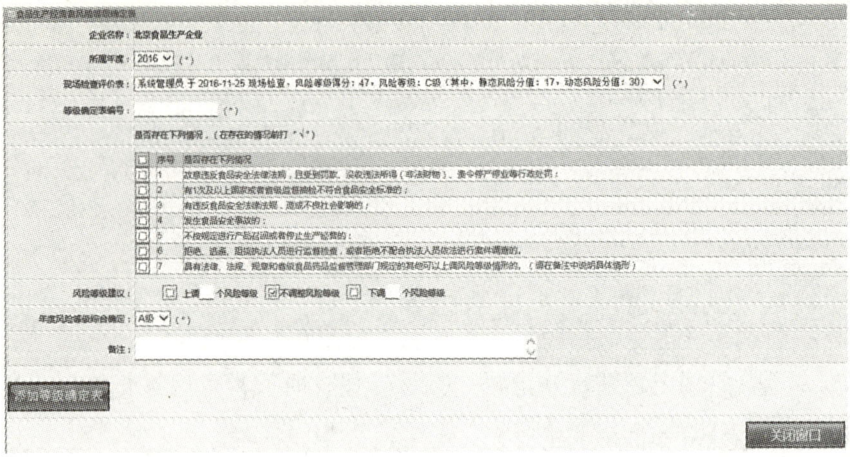

指定好所属年度(如果已经确定过,则不能再新增)、现场检查评表价表,输入相应的其他项后,进行添加操作。

提交后,在授权有效期限内可以进行修改操作,过期自动归档,不能再进行修改。

四、如何检索企业信息

各授权监管单位按行政隶属区域进行企业风险分级信息检索。

点击左侧菜单项中的监管信息条目,继续点击“企业信息检索”菜单项:

右侧操作界面出现:

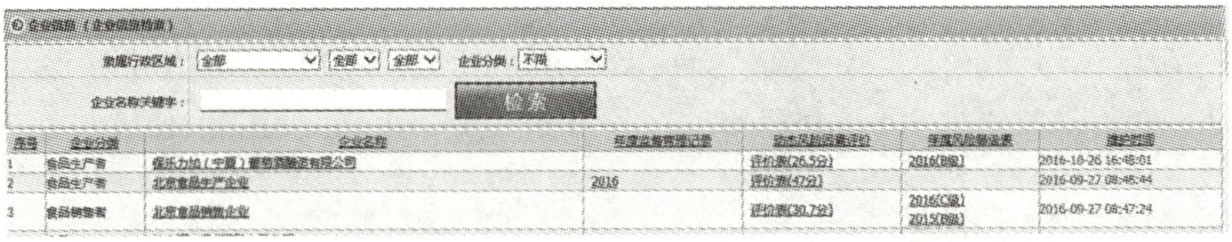

隶属行政区域各下拉框,按用户所在单位行政监管级别,可以或不可以进行选择。

点击企业名称栏目下面的企业名称链接,可以查看该企业全部明细情况:

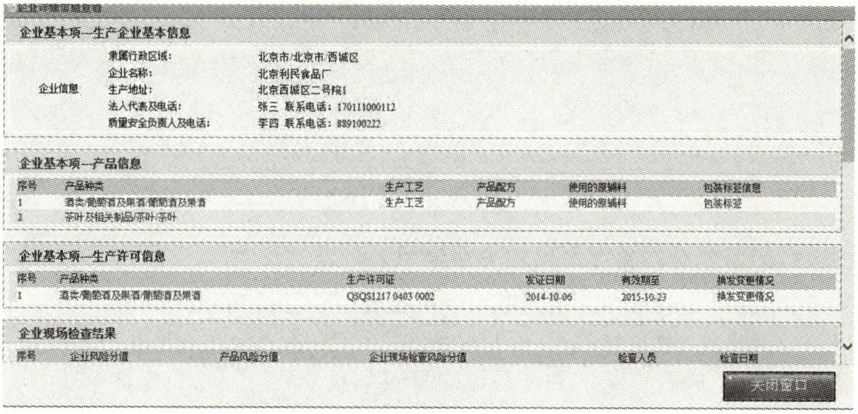

五、如何查看本省企业监督频次信息

各食品药品监督管理部门可以查看本省制定的企业监督频次信息和食品药品监管总局统一制定的企业监督频次信息。

各省企业监督频次信息由省级食品药品监督管理部门根据本省实际情况统一制定，如果本省没有制定，则沿用食品药品监管总局统一制定的企业监管频次信息。

点击动态风险因素量化管理条目，会自动展开菜单：

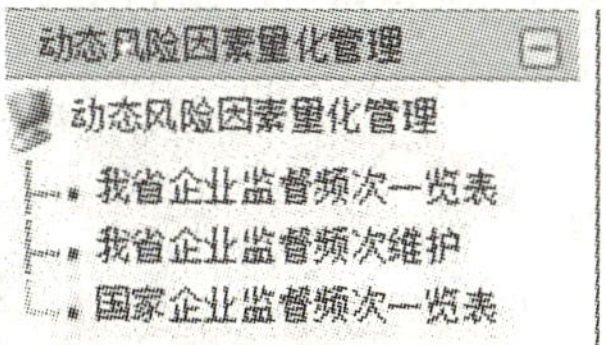

点击我省企业监督频次一览表，可以查看本省企业监督频次（如果本省已经制定好）。

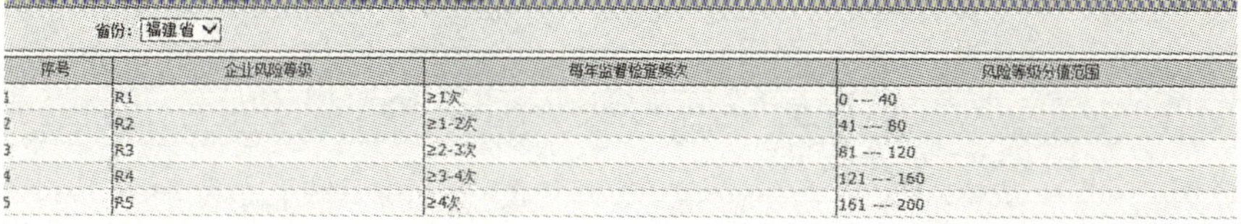

序号	企业风险等级	每年监督检查频次	风险等级分值范围
1	R1	≥1次	0 --- 40
2	R2	≥1-2次	41 --- 80
3	R3	≥2-3次	81 --- 120
4	R4	≥3-4次	121 --- 160
5	R5	≥4次	161 --- 200

点击国家企业监督频次一览表，可以查看国家企业风险等级与监督频次参考信息。

国家企业风险等级与监督频次参考(国家企业风险等级与监督频次)

序号	企业风险等级	每年监督检查频次	风险等级分值范围
1	R1	≥1次	0 --- 40
2	R2	≥1-2次	41 --- 80
3	R3	≥2-3次	81 --- 120
4	R4	≥3-4次	121 --- 160
5	R5	≥4次	161 --- 200

六、如何查看本省产品风险等级信息

各食品药品监督管理部门可以查看本省制定的产品风险等级信息和食品药品监管总局统一制定的产品风险等级信息。

各省产品风险等级信息由省级食品药品监督管理部门根据本省实际情况统一制定,如果本省没有制定,则沿用食品药品监管总局统一制定的产品风险等级信息。

点击静态风险因素量化条目,会自动展开菜单:

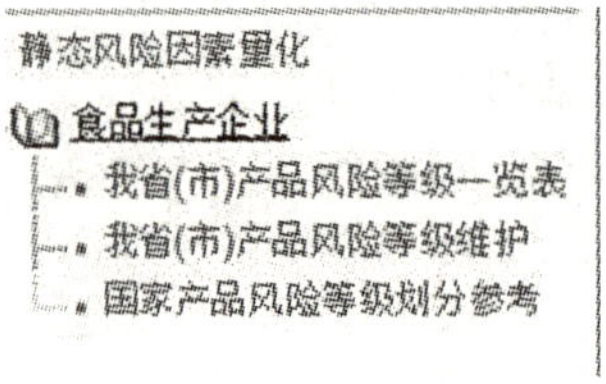

点击我省(市)产品风险等级一览表,可以查看本省产品风险等级(如果本省已经制定好)。

省份:北京市

序号	产品名称	产品风险等级	产品风险分值
1	01010101 粮食加工品/小麦粉/小麦粉/小麦粉(通用、专用)	低	26.7
2	01020101 粮食加工品/大米/大米/大米	低	27.2
3	01030101 粮食加工品/挂面/挂面/挂面(普通挂面、花色挂面、手工面)	低	26.9
4	01040101 粮食加工品/其他粮食加工品/其他粮食加工品(谷物加工品、谷物碾磨加工品、谷物粉类制成品)/其他粮食加工品(谷物加工品、谷物碾磨加工品、谷物粉类制成品)	低	27.5
5	02010101 食用油、油脂及其制品/食用植物油/食用植物油/食用植物油(菜籽油等小品种植物油)	较低	35.4
6	02010102 食用油、油脂及其制品/食用植物油/食用植物油/食用植物油(大豆油)	较低	36.8
7	02020101 食用油、油脂及其制品/食用油脂制品/食用油脂制品/食用油脂制品(氢化油、人造奶油、起酥油、代可可脂)	较低	37.0
8	02030101 食用油、油脂及其制品/食用动物油脂/食用动物油脂/食用动物油脂(食用猪油、食用牛油、食用羊油)	较低	36.0

点击国家产品风险等级划分参考,可以查看国家产品风险等级参考信息。

产品目录:全部 ☑打勾只显示(产品品种)四级目录 查询

☐	序号	产品名称	产品风险等级	产品风险分值
☐	1	01010101 粮食加工品/小麦粉/小麦粉/小麦粉(通用、专用)	低	26.7
☐	2	01020101 粮食加工品/大米/大米/大米	低	27.2
☐	3	01030101 粮食加工品/挂面/挂面/挂面(普通挂面、花色挂面、手工面)	低	26.9
☐	4	01040101 粮食加工品/其他粮食加工品/其他粮食加工品(谷物加工品、谷物碾磨加工品、谷物粉类制成品)/其他粮食加工品(谷物加工品、谷物碾磨加工品、谷物粉类制成品)	低	27.5
☐	5	02010101 食用油、油脂及其制品/食用植物油/食用植物油/食用植物油(菜籽油等小品种植物油)	较低	35.4
☐	6	02010102 食用油、油脂及其制品/食用植物油/食用植物油/食用植物油(大豆油)	较低	36.8
☐	7	02020101 食用油、油脂及其制品/食用油脂制品/食用油脂制品/食用油脂制品(氢化油、人造奶油、起酥油、代可可脂)	较低	37.0
☐	8	02030101 食用油、油脂及其制品/食用动物油脂/食用动物油脂/食用动物油脂(食用猪油、食用牛油、食用羊油)	较低	36.0

第四部分

国际食品风险分级管理的良好实践

一、德　国

德国施行基于风险的企业监管是欧盟法规EC 882/2004《为确保饲料和食品法、动物健康和动物福利规定的符合声明执行的法定控制措施》和《关于对食品法、葡萄酒法及烟草法规定的遵守情况实行官方监管原则的一般管理规定》(简称《监管框架规定》,缩写为AVV Rüb)中规定的重要监管措施。

德国实施基于风险的监管制度,根据企业的风险分级,确定对企业的检查频率,其实施原则是对具有同样风险的企业进行同等的监管。

1. 企业评价

基于风险分析的原理,从4个特征对企业进行评价,即企业类型、企业信任度、企业自检体系和卫生管理。其中企业类型为120分,占60%;其他三个角度共80分,占40%。得分越高风险越高。

通过"企业类型"确立的风险是静态的,一般不会发生改变,除非企业的类型和产品线发生了重大的转变。因此,这一项特征并不受企业经营者行为或者措施改变的影响。

通过"企业信任度、自检的可靠性、卫生管理"确立的风险则是动态的,根据每次的检查结果而变化,这些结果与企业经营者行为以及措施密切相关。

(Ⅰ)企业类型(满分120分)

企业类型与企业生产经营的"产品"保持密切联系,是企业食品安生风险的第一特征。在德国食品企业风险分级体系中,企业类型由被评估企业的产品风险和企业特征风险构成。

首先,根据企业类型一般风险的六个级别(第一级别代表高风险,第六级别代表低风险)将企业风险等级进行分类。还要考虑到生产阶段(生产原料,生产商,直接面对终端客户的零售商),混合型污染的风险(包装与否,粉碎程度,产品保质期),敏感客户群(婴幼儿,老人)以及交易场所(零售商还是批发商)等因素。

企业类型的风险等级划分如下表所示:

风险等级	食品企业描述	典型代表
一级风险 (高风险) 100 分	1. 生产高风险食品的企业,并且不与终端客户直接接触。 2. 高风险食品主要指容易变质,保质期少于一周的。 3. 为特殊客户群体提供产品的企业。 4. 其他例如为餐饮企业提供产品的从事肉类,鱼类分割或者加工的企业也属于高风险企业。	肉和鱼类加工企业,婴儿食品企业
二级风险 80 分	1. 不与终端消费者直接接触,生产中等风险食品的企业。 2. 此类食品的保质期一般在一周到三个月之间。	牛奶厂,乳酪厂,大部分的肉食加工企业等
三级风险 60 分	1. 生产较低风险食品的企业以及产品散装,不与终端客户直接接触的低风险食品生产企业。 2. 低风险食品指的是保质期超过三个月的食品。 3. 生产高风险食品直接面向客户的企业。	罐头加工厂,屠宰场,糕点厂,养老院或者幼儿园的食堂
四级风险 40 分	1. 生产中等风险产品,并且产品直接面对终端客户的企业。 2. 或者生产非密封的,中等风险食品的企业。 3. 不直接面对终端客户的,包装/分装的食品企业。	冷冻/冷藏厂,分装企业,面包房,小吃店,饭馆,企业食堂,学校食堂,不包装食品的批发和销售商
五级风险 20 分	生产低风险食品或者生产包装食品直接面向终端客户的食品企业。	包装食品的批发和零售商
六级风险 0 分	提供初级原料的农业产品生产企业,直接销售给终端消费者包装或者分装好的,无须冷藏的食品企业。	饮料销售商,甜品销售商

根据上述描述,所有的企业类型被收录到数据自动处理系统。

特征(Ⅰ)的第二个评估着眼点是产品风险。产品风险的判定依据是产品本身的最大风险,与产量无关。

产品风险有低风险、中等风险和高风险三类。

产品风险根据以下条件进行分级：

——保质期(微生物污染风险)，酸稳定性，干燥，加热，糖、盐和酒精的含量。

——成品中的残留物(化学污染风险)。

——成品中物理性风险。

——如果敏感消费群体食用，必须在说明中有所提示，并提高风险等级。

风险等级	说　明
低风险 0分	1. 保质期超过三个月，被包装且无须冷藏，在零售或者批发商(6级风险企业)的产品；或者被包装在冷藏厂或者分装中心(4级风险企业)的产品。 2. 无残留、污染或者可能性低的产品。 3. 产品中没有物理性污染或者基本可以排除的。 4. 没有针对特殊消费群体，如婴幼儿、老年人、孕妇或者免疫力低下人群的食用说明。
中等风险 10分	1. 保质期介于1周至3个月，食品做过保鲜处理，或者直接食用。 2. 个别情况下可能存在化学残留。 3. 个别情况下可能存在物理性危险。 4. 没有针对特殊消费人群的食用说明。
高风险 20分	1. 容易腐烂，保质期低于1周，无须加热即食，生食食品。 2. 易化学残留或污染易超标。 3. 易发生物理性危害。 4. 食品针对特殊人群，主要是幼儿园，三岁以下托儿所，养老院，医院，疗养院等。

(Ⅱ)企业信任度(满分15分)

分别从食品相关法律规章的遵守情况(5分)、可追溯性(3分)、员工培训(7分)进行打分评价。

(Ⅲ)企业自检体系(满分25分)

分别从HACCP流程(12分)、产品的检查(5分)、对温度控制的遵守情况(8分)进行打分评价。

(Ⅳ)卫生管理(40分)

分别从建筑设施的状态(5分)、清洁及消毒(8分)、个人卫生(11分)、生产卫生(13 分)、预防虫鼠害(3 分)进行打分。

根据 AVV Rüb 中规定的基于风险型企业评价的要求,这四个评价指标在评估表里汇总,并通过一个分值评估系统进行考评。

Betrieb / Datum		Beurteiler/in						Kontrollhäufigkeit		
Hauptmerkmal Hauptmerkmal I	Beurteilungsmerkmale Betriebsart	Risiko						max. Punkte 120	Ergeb-nis	Begründung bei Abweichungen
	1. Umgang mit dem Produkt (Einteilung in Risikokategorie nach Erläuterungen) (Punkte)	Risikokategorie								
		6	5	4	3	2	1			
		0	20	40	60	80	100			
	2. Produktrisiko (Einteilung in Risikostufe nach Erläuterungen) (Punkte)	Risikostufe								
		gering	◄ mittel ►			◄hoch►				
		0	10			20				
		Beurteilungsstufe						1 = sehr gut; 2 = gut; 3 = zufrieden stellend; 4 = ausreichend; 5 = nicht ausreichend; pro Beurteilungsmerkmal eine Beurteilungsstufe markieren, vorgegebene Punktwerte verwenden, keine freie Punktvergabe		
		1	2	3	4	5				
Hauptmerkmal II	Verhalten des Unternehmers	0	3	8	9	15		15		
	1. Einhaltung lebensmittelrechtlicher Bestimmungen	0	1	2	3	5				
	2. Rückverfolgbarkeit	0		2		3				
	3. Mitarbeiterschulung	0	2	4	6	7				
Hauptmerkmal III	Verlässlichkeit der Eigenkontrollen	0	6	12	18	25		25		
	1. HACCP-Verfahren	0	3	6	9	12				
	2. Untersuchung von Produkten	0	1	2	3	5				
	3. Temperatureinhaltung (Kühlung)	0	2	4	6	8				
Hauptmerkmal IV	Hygienemanagement	0	10	20	27	40		40		
	1. Bauliche Beschaffenheit (Instandhaltung)	0	1	2	3	5				
	2. Reinigung und Desinfektion	0	2	4	6	8				
	3. Personalhygiene	0	3	5	8	11				
	4. Produktionshygiene	0	4	7	10	13				
	5. Schädlingsbekämpfung	0		2		3				
								Gesamtpunktzahl		

这些风险分值相加出一个总分值,这个总分值决定企业是否归类于新的风险等级。通过风险分值相加计算得到的企业风险等级后,还要根据企业类型自身所属风险等级保持相应的检查频率。

通过附上的评估表格可以看出,企业类型对风险的高低的影响最大。和产品风险合计,特征 I 的最高得分可以是 120 分。

此外,通过表格中风险分数的设置可以看到,企业的卫生管理和企业自检水平所占比重很大。这两个特征,包括企业的信任度,都是可以通过企业自身努力而改善的,并且直接关系到该类型企业的官方检查频率。

2. 企业风险等级及监管频次

德国从企业的风险级别和评价得分两个角度确定检查频率,如图 1 所示:

Risiko-klassen 风险类型	评分 Punkte	企业的风险级别 Risikokategorie des Betriebes						监控频率 Kontroll-frequenzen
		1	2	3	4	5	6	
1	200 – 181	200–						Täglich 天
2	180 – 161		180-					Wöchentlich 周
3	160 – 141			160-				Monatlich 月
4	140 – 121				140-			Vierteljährlich 季度
5	120 – 101					120-		Halbjährlich 半年
6	100 – 81	100					100-	Jährlich 年
7	80 – 61		80			20		1,5-jährlich 1.5 年
8	60 – 41			60			0	Zweijährlich 2 年
9	40 – 0				40			Dreijährlich3 年

图 1 德国食品企业风险等级及检查频次的分数及对应关系

从图 1 可以看出,德国的分级监管制度虽然从四个方面进行打分评价,但最终还是从食品风险和企业内部控制两个角度来确定监管频次。

3. 企业风险分级的程序

对企业进行定期检查最基本的前提是监管机构首先知道有这样一家企业存在。因此,所有的企业有义务在该地区相关政府部门进行登记注册。该部门再将信息传递给食品安全监管部门。

所有的食品企业都必须接受风险评估。

从 2008 年 AVV Rüb 生效以来,基于风险的企业检查即由食品监管部门执行,并适用于所有类型的企业。

最初的分类可以根据行业协会提供的备案信息确定食品企业的类型所属风险目录和产品的风险等级(即评估特征Ⅰ的认定)。这项工作在第一次现场检查之前完成,并且设定第一次检查的时间间隔。

详细分级工作在对企业第一次现场检查,即特征Ⅱ到Ⅳ的企业特殊情况检查之后进行。

风险评估在新评估期的第一次企业检查后立即展开,并且确定检查间隔为一年。上一年检查结果计入今年的新风险评估中。

根据 AVV Rüb 提供的标准模式,风险评估将使用官方软件系统进行数据处理。检查的频率会自动计算并且储存到企业电子数据中。

4. 基于风险的监管体系对企业和监管机构的影响

在引入评估体系之前,欧盟许可的食品加工企业一律按照每年四次的标准接受检查。脱离了这种僵化的系统后,官方监管机构可以根据实际需要,调整检查频率,更好地利用资源。

比如风险得分较低的企业,由于他们卫生条件好,自检体系完善,一年只要接收一或两次检查即可。相反,评估差的企业,风险得分高的,则要接受更高频次的检查。减少检查频次对企业而言可以减少人力、财务上的负担。

二、英　国

《食品安全与卫生(英格兰)条例》和《食品法》守则(英格兰)中规定了对食品企业的控制频率和基于风险的方法的要求。

1. 建立食品企业干预评价方案

食品卫生干预评级以及最低干预频率适用于所有食品企业,初级生产以及畜牧企业除外。

负责实施食品卫生法的主管机关应为所有登记在册和获批的食品企业确定食品卫生干预频率计划。

一个评分因素具备一个以上评分项目的企业应评得相应项的最高分。

主管机关必须确保对于较高风险企业或可能具有高风险企业的干预总是优先于对低风险企业的干预。

2. 食品卫生评分系统

从食品种类、加工方法、消费者危险、当前符合性等级、在管理/控制程序中的信任和遵循程度几个方面计算对食品企业的卫生干预频次。

第1部分:潜在危害——三个因素确定潜在危害

A. 食品种类和加工方法

分数	评分系统使用规则
40	高风险食品生产商、批发商或重新包装或重新拆封高风险食品的包装商。以此看来,高风险食品可看作易滋生微生物并且拆袋即食(无须进一步加工),进一步加工可消灭致病微生物或毒素。
30	餐饮服务提供者和零售商制备、烹饪或加工未包装高风险食品,通常每天准备少于20道膳食(参见下文)的餐饮服务提供者除外。

续表

分数	评分系统使用规则
10	小型餐饮服务提供者制备、烹饪或加工未包装高风险食品,但是每天提供少于20道膳食; 加工预包装高风险食品; 不包含在上述类别中的其他批发商和经销商; 生产或包装非高风险食品; 从事鱼类切片和腌制以便将产品零售给终端客户的企业。
5	非高风险食品和其他常温保存产品的零售加工。 不包含在上述类别中的任何其他企业。

B. 加工方法

应根据本节规定对采用特殊加工方法(包括延长产品使用寿命的加工方法)的企业额外加分,这些加工方法对公众健康带来的潜在风险远远大于常规烹饪或贮存方法所带来的风险。然而只可加分一次,例如,本节规定最高分为20分。

分数	评分系统使用规则
20	下文是应额外加20分的加工方法不完全清单。授权工作人员需对下文未列出的其他加工方法做出判断。最重要的评估原则是加工本身是否会增加风险和/或意图通过采用该加工方法来延长产品的使用寿命。 • 灌装或采用其他无菌包装来包装低酸食品; • 真空和真空低温包装; • 生产烹饪/冷藏食品,例如,烹饪并制备可冷食或加热后再食用的膳食或食品(烹饪—冷藏膳食简单加热不包含在本段所述范围内)。 • 肉类发酵,例如,制成香肠和其他发酵腊肠; • 风干,如干火腿、肉干和牛肉干; • 冷冻干燥; • 加盐和/或其他防腐剂; • 食用前进行肉制品烹饪和冷藏,如零售商(屠户包括在内)生产火腿;不是简单地应用饮食制作,通常食品可以预制,随后加热即可; • 生产、制备或供应高风险未烹饪或半熟肉制即食食品的企业,形成残留微生物食品安全危害。不包括通过受控制程序生产诸如鞑靼牛肉以及其他生肉、鱼和肉片以及各种寿司或生鱼片、腌鱼以及用于生吃或半熟的肉饼等食品的餐饮服务提供者/生产商。
0	上文未提及的任何其他情况。

C. 消费者危险

该因素旨在反映有可能处于危险中的消费者数量以及食品卫生和安全程序失效时发生任何事件潜在的扩散地域。

分数	评分系统使用规则
15	从事销往国内或国际食品的生产、经销、拆装业务的食品企业。
10	为大量顾客服务的企业，顾客包括大部分来自本地区之外的顾客，如超市、机场餐饮服务提供者、高速路服务区餐饮服务提供者； 不包含在上文所述种类中的生产者。
5	大部分顾客都在本地区生活、居留或工作的企业，如商业街或街角商店、商业街超市或商业街饭店。
0	通常每天为20名以下顾客供货的企业。

加分：

应为从事专供包括20人以上易发生危险团体的顾客消费的食品生产或服务的企业加上22分的附加分（上文所述分数除外）。

易发生危险团体为包括可能更易受到较差食品卫生影响人群（如5岁以下或65岁以上）的团体、生病或免疫功能不全的人群。

分数	评分系统使用规则
22	企业生产和/或供应高风险食品，所生产产品的终端客户包括一个20人以上的易发生危险团体。
0	上文未提及的任何其他情况。

第2部分：（当前）符合性等级

分别对食品卫生和安全程序（包括食品加工操作和程序以及温度控制）和企业构造物（包括清洁度、布局、构造物条件、照明、通风和设施等）进行评估。

得分反应根据下列使用规则规定在检查期间是否具有符合性。

分数	评分系统使用规则
25	几乎与法定义务完全不一致。
20	普遍未满足法定要求,标准普遍降低。
15	与法定义务存在某些重大不一致性,要求开展更多工作以防标准降低。
10	与法定义务和建议的行业操作规范存在某些不一致性,标准得以维护或改进。
5	与法定义务和建议的行业操作规范高度一致,稍微偏离了食品卫生规范。
0	与法定义务和建议的行业操作规范高度一致;符合行业内认可的良好操作。

第3部分:对管理/控制程序的信心

管理信心得分用于评估一个企业的食品安全管理/控制程序是否恰当,识别正确的危害并采取控制措施,同时应将作为实践结果而实现的当前符合性等级评估考虑成符合第2部分所述食品卫生与安全程序要素的一部分。

对管理/控制程序信心项的打分不仅考虑文件程序及其实施。影响工作人员判断的因素包括:

- 公司的"追踪记录"、其对先前建议和实施采取行动的意愿以及投诉记录;
- 当前管理层对卫生和食品安全的态度;以及
- 卫生和食品安全知识,包括危害分析/HACCP以及关键点控制;
- 基于程序制定令人满意的食品安全管理措施。

分数	评分系统使用规则
30	符合性追踪记录不良。 技术知识较少或无技术知识。 危害、风险或质量控制鉴别较少或无鉴别。 无食品安全管理程序。 管理者未认识到或接受食品安全和卫生控制的必要性。
20	符合性记录发生显著改变。 对危害和控制措施鉴别不良。 无食品安全管理程序。 一些人不愿认可或接受食品安全和卫生控制程序的必要性。

续表

分数	评分系统使用规则
10	符合性记录较好。 了解有关技术建议源和/或指导以制定良好的操作或保障方案。 了解重大危害并采取控制措施。 在用文件记录与企业类型相称的食品安全管理程序当面取得令人满意的进步。 注:“取得进步”仅一次考虑相称。如果后续食品安全管理程序干预无法令人满意,则 10 分的得分不相称。
5	符合性记录良好。 机构内部可用的技术建议或可了解使用一级机关、行业协会和/或指南提出的技术建议来制定良好的操作或保障方案。 有效的危害管控。 利用与企业类型相称的良好文件式食品安全管理程序实行有效的自我检查。 主管机关进行的监察大体符合程序要求。
0	符合性记录极好。 了解技术建议或管理者信息和能力。 积极进取并能够进行自我调节。 具有与企业类型相称的良好文件式食品安全管理程序,可依据外部监察程序制定。 主管机关监察确认文件程序符合未作为关键控制点的少数不一致性。

加分:

在下文所述具有显著风险的情况下应额外加 20 分(上文所述分数除外)。

附加分只适用于具体个例分析,不能普遍适用于所有食品企业类别。如果显著风险不再存在,后续检查中必须去掉附加分。

分数	评分系统使用规则
20	食品存在受肉毒杆菌污染并且经过任何加工程序后生物还存活并且还在繁殖的重大风险;或即食食品具有被可使人类致病的微生物及其毒素污染的重大风险。
0	上文未提及的任何其他情况。

3. 食品卫生干预频率

类别	分数	最低干预频率
A	92 分或更高	至少每 6 个月一次
B	72 ~ 91 分	至少每 12 个月一次
C	52 ~ 71 分	至少每 18 个月一次
D	31 ~ 51 分	至少每 24 个月一次
E	0 ~ 30 分	每三年实施备选强制方案或干预的计划

评级为低风险的企业(得分 30 分或更低)无须纳入计划检查机制,但是至少每隔 3 年应实行一次备选强制方案。

4. 检查频率修改

食品企业干预评级必须只能在获得检查、局部检查或监察结论后进行修改。工作人员必须收集足够的信息来证明修改干预评级是正当的并且修改评级的原因必须记录在企业档案内。

如果产生了新信息,如正当投诉或取样结果不满意,主管机关必须考虑是否适合进行检查、局部检查或监察来对问题进行调查。

在每种情况下对干预选择的解释必须以文件形式记录在企业档案中。

进行除检查、局部检查或监察之外的计划干预时,如果工作人员确定食品企业的性质已经实质上发生改变或者符合性等级已经变坏,必须将干预变成检查或局部检查并且必要时修改干预评级。同样地,如果产生了新信息,例如正当投诉或取样结果差,主管机关必须重新考虑改企业的干预评级和后续计划干预的适用性。

三、美　国

1. 基于风险的检查

美国FDA实施了基于风险的检查，在美国《食品安全现代化法案》和《食品法典》中都有相关的要求。

(1)《食品安全现代化法案》

第101条：规定了对企业记录(其中包括食品安全计划及其保存的计划实施记录)的检查。

第201条：规定了对美国国内食品企业、国外食品企业的检查，并要求企业提交年度报告。

第204条：再次强调了优化高风险食品及保存记录的跟踪与溯源。

第103条：食品企业对评估生产、加工、包装、储存食品的危害因素，进行危害分析和检查。

第105节　危害分析和基于风险的预防措施

——对按照第415节要求进行注册的所有企业进行检查

——检查频率依风险而定

——关于食品企业风险检查的报告

(2)《美国食品法典》

《食品法典》是美国各级政府管理餐饮业及零售业食品安全的重要行政法规之一，目的是在全国范围内对餐饮业及零售环节食品安全进行统一规范管理。经过长达80年的不断完善，已发展成为比较完善的保障零售行业食品安全的法规标准，在食品安全保障工作中发挥了极其重要的作用。

在《食品法典》附件5提出了实施基于风险的检查，规定了检查的目的和范围、如何实施基于风险的常规检查、风险检查的准备工作、基于风险检查的方法，并制定了检查表格和评分。

特定时间段内的检查次数将由联邦州的监管部门在风险分析的基础上进行确定。对此,应先将接受监管的企业进行风险评级,并告知由联邦州监管部门基于风险评估确定的检查频率。每个企业的评级都将被记录和更新。

2. 食品加工厂的风险分类标准

州政府应使用基于科学和风险的方法,将食品加工厂归类为三个风险类别(各类别均有特定的基线检查频率)。尽管此标准并未规定任何分类方案或检查频率,但可通过以下方法确定一个频率:(1)基于风险的食品源危害评估;(2)对特定危害的公众健康影响进行归类;(3)减少危害的利益的衡量和评估;(4)风险降低干预方案的成本和有效性评估;(5)对上述分析结果进行综合,以更好地分配资源。

在按风险对企业进行分类时,州政府应考虑包括以下因素在内的多个因素:(1)食品和配料的类别;(2)加工要求;(3)制造或销售产品的量;(4)目标消费者;(5)食品加工厂的合规历史记录。可为各个因素分配数值,并将数值制成表格,以方便对食品加工厂进行排序,以及对检查项目进行优先排序。

风险	加工类别
高风险	低酸食品装罐、食品酸化、包装真空处理、食品回收利用、烟熏保存、腌制
中等风险	烹饪、冷却、在受控温度下保存、巴氏杀菌
低风险	不需要温度控制
	食品类别
高风险	经常牵涉食品源疾病的潜在有害食品(如豆芽、未灭菌果汁、生贝类、奶油夹心蛋糕、实心意大利面)
中等风险	通常情况下不会引起食品源疾病的潜在有害食品
低风险	非潜在有害食品
	已加工/销售产品的量
高风险	大量生产,广泛销售
低风险	少量生产,或生产后仅在本地销售
	目标人群
高风险	高危人群食用的食品

续表

风险	加工类别
低风险	仅或主要由一般人群食用的食品
	合规历史记录
高风险	有不一致或不良合规历史记录(食品安全要求)的企业
低风险	通常情况下符合食品安全要求的企业

高危人群包括免疫抑制人群、学龄前儿童或老年人;从提供监护、医疗服务、生活辅助等服务的机构、儿童或成人日托中心、肾透析中心、医院、疗养院或营养或社会化服务中心(老年人活动中心)获取食品的人群。

尽管风险类别最初指定给了食品企业,但监管区域有时考虑这些企业是否有建立自愿的食品安全管理系统,例如危害分析和关键环节控制点(HACCP)系统,以证明可以减少检查频率。

检查项目的有限排序、检查频率的确定、资源的分配等均根据该食品加工厂或产品分配到的风险种类、制造工艺和食品加工厂的检查历史记录等进行确定。并未规定州政府应如何进行具体操作,但州政府应将其分类系统和检查频率进行文件记录。导致各政府机构之间存在差异的原因有很多,包括资源、地方性产业和做法以及竞争优先顺序方面的不同。

3. 对监管者的要求

FDA 须在联邦食品与药品管理局的网站上公布高风险的食品清单并及时更新。

FDA 应根据风险等级定期对企业实施检查。FDA 应从产品本身风险、企业合格历史记录、执行预防控制措施情况、采纳标准情况、通过认证情况等方面对企业进行分析、评估和分类,以确定相应的检查频率。对国内高风险企业,要求在《食品安全现代化法案》颁布后 5 年内至少检查 1 次,以后至少每 3 年检查 1 次;对国内非高风险企业,要求在法案颁布后 7 年内至少检查 1 次,此后至少每 5 年检查 1 次;对国外输美食品企业,则明确规定在法案颁布之日起的第 1 年之内,应检查不少于 600 家,随后 5 年中每年检查企业数量不得少于上一年度的两倍。凡拖延、限制、拒绝 FDA 检查的企业产品将被视为“掺杂食品”。

四、加 拿 大

部分联邦/省/地区委员会成立了一个工作小组来制定食品零售和食品服务机构国家风险分类模型。

由《食品零售和食品服务法典》中提出了实施风险分类和分级监管工作的要求。

加拿大风险分类模型(RCM)没有确定各地的检查频率。检查频率的设定取决于各地管辖区域内的可用监管资源。例如,管辖区域可以自行决定把足够的资源用于对所有“高风险”机构进行每月检查,而另一管辖区域可能只有足够资源对这些机构进行季度检查。检查频率也会受到特殊检验结果的影响。得到较差检查结果的机构将会在短时间内接收再次检查,及时该机构构成的总体风险并未改变。尽管 RCM 不指定检验频率,但它在管辖区内的使用应提高与管辖区内指定检验频率的一致性。

1. 风险因素和相应分数

企业的风险分类基于 8 个因素的总分而确定。这些因素基于对造成加拿大食源性疾病因素的审查,以及某些管辖区确定检验频率时使用的因素。

每一风险因素都有相应的加权值(例如分数),基于检查中所提出情况构成的风险等级。

风险因素	说　明
食品类型和预期用途	食品企业处理的食物类型在鉴定企业的风险中很重要。比起接受补充步骤以减少或控制微生物生长的食物,未接受进一步热处理的高或中等风险食物更有可能受到食源性疾病的牵连。接受进一步热处理的高或中等风险食物,或接受其他减少微生物致病体方式的食物会降低风险。低风险食物很少会涉及到食源性疾病。

续表

风险因素	说　明
食品处理/制作和加工	每个处理或制作步骤都会显示那种食品的风险的增加。过度处理的食物更有可能被微生物致病体污染。比起预先包装好的食物,处理的未烹饪、未加工食品更有可能污染这些食品。
设备和设施	尽管为了获得经营许可证或营业执照,新的企业应当有充足的设备,但状况可能会因为许多原因随着而时间恶化。食品企业的布局和设计应考虑到食物从接收到服务或销售的单向流动。未提供食品安全流动和分隔的食品企业,食品污染风险更大。
管理层和员工食品安全意识	食品安全原则意识在控制和减少食品服务食源性疾病风险中至关重要。与食物直接接触的员工应接受培训,达到适合于他们所执行操作的水平。管理人员和监督者必须增强意识以确保遵循了安全食物处理措施并在措施对食物安全构成风险时采取了纠正措施。必须进行最新认证,因为研究表明食品安全措施的意识水平随着时间降低。无训练有素的员工或安全食物处理原则的食品企业受到食源性疾病牵连的风险更大。
食品安全管理计划	食品加工和食品准备阶段的控制最好有食品安全管理计划,如危害分析和关键环节控制点(HACCP)系统提供。在合适位置拥有此类计划的企业将比那些没有控制的企业存在更低的风险。
法规遵从	确认风险时,关键项目合规性的历史记录可以提供数据值。此因素中的“合规性”是指过去与当前合规检验。非合规关键项目和食源性疾病联系的模式间存在关系。非合规中发现的最常见观察关键项目是冷藏温度和食物快速冷却。评估过去的合规性时,应特殊关注违规温度。评估与风险相关的企业时,应审查顾客投诉,因为这可以表明关键项目不合规。也应考虑到不合规提出的升级危害以及管理层对之前建议采取行动的意愿。
食物数量	一定时间内(即轮班时间),食品服务和供应的人员数量或食品从业人员数量,是食品出售或准备量的决定因素。更大量的食品需要额外处理,且增加发生温度不当的可能性和产生食源性疾病的风险。
特殊惠顾人群	一般人群的分段——幼儿、年长者和免疫力低下人群容易受到食源性疾病的感染,且在受到低剂量病原体感染后病情加重。在直接向这些高致病性人群(即日托中心、健康照护机构等)提供食品的食品服务企业中,食源性疾病发生的可能性会增加。

在实际分级工作中,有一些特殊情况可能导致打分困难,或者难以对全部8个因素进行打分。评估给定的企业所有的8个因素或许非常困难。例如,一个宴会厅可能会被各种社会团体使用,这使得对食物类型和其预期用途,或是管理层和员工的食品安全知识的评估难以进行。如果没有足够的

信息确定一个风险因素的适当得分,那么推荐的方法是基于安全性考虑,给该因素打出最高分数。分数越高,风险越高。

加拿大食品企业风险分类调查表

1. 食品类型和预期用途	与 a、b、c 或 d 其中一个核对	对应分数
a)供应或出售给顾客的高风险即食食品		40
b)提供或出售给顾客的中等风险即食食品		25
c)高风险或中等风险非即食食品		25
d)低风险即食或非即食食品		10
2. 食品制作和加工	与 a、b、c 或 d 其中一个核对	对应分数
a)高风险或中等风险食品的广泛处理或准备		40
b)高风险或中等风险食品的有限处理或准备(烹调、供应)		25
c)低风险食品的处理或准备		10
d)不适用于 a、b 或 c		0
补充因素:	与 a、b、c 或 d 其中一个核对	对应分数
e)大规模加工或冷却食品:小规模烹调肉类或海鲜类产品(烟熏、腌制)和/或真空包装或低酸食品的无菌包装		20
f)提供外来餐饮服务		20
3. 器具和设施	核对所有适合项	对应分数
a)用于将食物温度保持在正确标准的制冷设备或保温设备不充足,根据再次蒸煮指令建议,或如果合适,针对微生物污染的饮用水处理系统维护不当		15
b)食品制作区域或厨房范围小,空间不足,布局不当,照明和通风不足		15
c)器具或设施表面不易清洗,失修或需要更换		15
d)器具和设施符合规定或更好		0

续表

4. 管理和从业人员食品安全意识	仅核对一项	对应分数
a)很少或没有进行食品安全实践意识/培训		30
b)进行一定食品安全实践意识/培训演示		15
c)进行良好食品安全实践意识/培训演示		0
5. 食品安全管理程序	仅核对一项	对应分数
a)已保证位置没有食品安全管理程序记录		30
b)无审计程序处有食品安全管理程序记录		15
c)所有 HACCP 规则对已审计处的食品安全管理程序适用		15
d)因食品类型(1 d)或食品处理和准备的数量而不适用		0
6. 合规性	仅勾选一项	对应分数
a)检查非合规性期间通常有三条甚至更多的关键条款;持续非合规性非关键条款。		40
b)检查非合规性期间有两条关键条款;持续非合规性非关键条款。		30
c)检查非合规性期间,通常涉及一条或者零条关键条款;对非关键条款有一些非合规性;得到维护或改善状况。		15
d)高度合规;或许有一些对非关键条款的非合规行为。		0
附加因素:		
e)在所有权或管理未变更的情况下,去年年内,设施中爆发临床确诊或流行病学相关的疫情。		30
7. 食物总量	仅勾选一项	对应分数
a)每天提供超过 250 顿饭的餐饮服务或者雇用超过 10 名员工的食品零售。		20
b)每天提供饭菜不足 250 顿的餐饮服务或者雇用 10 名或不足 10 名员工的食品零售。		10
8. 特殊惠顾	如若出现 仅勾选一项	对应分数

续表

a)主要为弱势群体提供餐饮服务,弱势群体包括免疫系统减弱的个人(如医院、疗养院)。		30
b)直接向不包括免疫系统减弱的个人(如儿童保育中心、寄宿护理企业)在内的弱势群体提供餐饮服务。		15

2. 风险分类

企业风险分类(如高、中或低风险)依照8个因素的总评分和提前分类基准值决定。

高风险:165分或以上。

中等风险:110到160分之间。

低风险:105分或以下。

图书在版编目(CIP)数据

《食品生产经营风险分级管理办法(试行)》政策解读/张靖主编. —北京:法律出版社, 2017.1

ISBN 978-7-5197-0550-3

Ⅰ. ①食… Ⅱ. ①张… Ⅲ. ①食品卫生法—法律解释—中国 Ⅳ. ①D922.165

中国版本图书馆 CIP 数据核字(2017)第 010044 号

责任编辑/徐　蕊　　**装帧设计**/凌点工作室

出版/法律出版社　　**编辑统筹**/法律教育出版分社
总发行/中国法律图书有限公司　　**经销**/新华书店
印刷/三河市兴达印务有限公司　　**责任印制**/沙　磊

开本/710 毫米×1000 毫米　1/16　　**印张**/12.75　　**字数**/171 千
版本/2017 年 1 月第 1 版　　**印次**/2017 年 1 月第 1 次印刷

法律出版社/北京市丰台区莲花池西里 7 号(100073)
网址/www.lawpress.com.cn
投稿邮箱/info@lawpress.com.cn　　**销售热线**/010-63939792/9779
举报维权邮箱/jbwq@lawpress.com.cn　　**咨询电话**/010-63939796

中国法律图书有限公司/北京市丰台区莲花池西里 7 号(100073)
全国各地中法图分、子公司销售电话:
统一销售客服/400-660-6393
第一法律书店/010-63939781/9782　　**西安分公司**/029-85330678　　**重庆分公司**/023-67453036
上海分公司/021-62071010/1636　　**深圳分公司**/0755-83072995

书号:ISBN 978-7-5197-0550-3　　**定价**:56.00 元

(如有缺页或倒装,中国法律图书有限公司负责退换)